VIMOS
E OUVIMOS

A INCUMBÊNCIA DA PREGAÇÃO

Vida

SRAEL SUBIRÁ

VIMOS E OUVIMOS

A INCUMBÊNCIA DA PREGAÇÃO

Vida

RECOMENDAÇÕES

Como pai, sou testemunha da paixão que o Israel carrega, desde sua infância, por Jesus e pela incumbência de compartilhá-lo com aqueles que ainda não o conhecem. Além do que tem vivido e praticado, como testemunha de Cristo, Israel nos apresenta a fundamentação bíblica do evangelismo e da história da evangelização global com ênfase na nossa responsabilidade de, com paixão e o fogo do Espírito Santo, espalharmos as boas novas da salvação divina oferecida a todo homem. Fui tocado por essa mensagem e creio que ela seja muito necessária a todo discípulo de Jesus. Seguramente, você será incendiado por esta leitura.

@LUCIANOSUBIRA

Israel Subirá carrega uma paixão e um compromisso com a Palavra. Ele tem sido usado por Deus para despertar o amor pela mensagem do evangelho em diferentes culturas e em diversos contextos. Esse compromisso com a Palavra fica evidente nesta obra, que leva o leitor a uma jornada pela longa e preciosa história que as boas novas de Cristo percorreram, geração após geração, até chegar em nossas mãos. Estas páginas contêm um convite ao retorno à proclamação do evangelho — a mensagem mais poderosa do mundo, capaz de transformar o indivíduo e discipular nações. Que através desta leitura você seja compelido pelo Espírito Santo a abraçar a Grande Comissão!

@TEOHAYASHI

Este é um livro que todo discípulo sincero de Jesus deveria ler várias vezes. Ele não apenas traz uma compreensão clara do evangelho e sua propagação por todo o mundo, mas também nos leva a compreender a importância e a urgência dessa notável responsabilidade que recai sobre nós. Recomendo vivamente este livro a todos os que desejam seguir a Cristo intencionalmente.

@ISAIASHUBER

O Isra é um presente para esta geração, e tê-lo como amigo me faz compreender melhor a realidade daqueles doze que caminhavam pela Galileia. Lendo estas páginas, pude ouvir sua voz apaixonada pela missão, me lembrando da aventura inigualável que é seguir Jesus. Com profundo conhecimento bíblico, as palavras deste livro são claramente de alguém que esteve com o Mestre.

@OLUCAMARTINI

O Isra parece ter um ouvido afiado para os assuntos que o Espírito quer tratar em nossa geração. Para uma geração que assiste a tantas mensagens na internet e que participa de cultos tão cheios de milagres, a única mensagem lógica é pregar, é falar do que tem visto e ouvido.

@NICKMORETTII

Neste livro, você vai poder entrar numa jornada com o meu grande amigo Israel Subirá, e aprender a abraçar a missão que o Senhor deixou para nós de sermos testemunhas Dele em toda a terra. Provavelmente, o Senhor vai desafiá-lo a começar pela sua Jerusalém, o lugar comum, das pessoas mais próximas de você. Depois, a ir a uma Judeia, talvez, um lugar já um pouco mais desafiador e desconfortável, mas ainda com pessoas com uma cultura parecida. Então, Ele vai enviá-lo a uma Samaria, lugar de pessoas estranhas que possuem um estilo de vida com o qual você não concorda totalmente, mas que ainda são próximas. Então, Ele lhe apontará os confins da terra, lugares que você nem sabe como é, com pessoas que nem imagina como vivem, mas que precisam ouvir o seu testemunho: "Eu estava morto e agora vivo; eu era cego e agora vejo". Aproveite esta leitura e que Deus fale poderosamente com você.

@DOUGLAS_JESUSCOPY

Vimos e ouvimos:
A incumbência da pregação
© 2023 por Israel Subirá

Coordenação editorial: Rafael Paiva
Revisão: Rita Maria Campos Leite
Preparação: Cássia Caetano
Débora Mühlbeier Lorusso
Capa e projeto gráfico: Rafael Brum
Diagramação: Inventus

Os textos bíblicos citados, salvo menção em contrário,
foram extraídos da versão Almeida Revista e Atualizada (ARA),
publicada pela SBB - Sociedade Bíblica do Brasil.

DADOS INTERNACIONAIS DE CATALOGAÇÃO NA PUBLICAÇÃO (CIP)
Carla Lopes Ferreira (Bibliotecária CRB1-2960)

S941v

    Subirá, Israel
        Vimos e ouvimos : a incumbência da pregação. / Israel Subirá.
    Revisão de Rita Maria Campos Leite. – 1. ed. – Curitiba, PR:
    Orvalho.com, 2023.
        168 p. ; il. ; 14x21cm.

        ISBN 978-85-98824-72-7

        1. Cristianismo – missões. 2. Pregação. 3. Igreja cristã.
    I. Leite, Rita Maria Campos. II. Título.

                                        CDU 2-76
                                        CDD 230:266

2ª edição – Setembro de 2023

Nenhuma parte desta publicação poderá ser reproduzida, arquivada
ou transmitida por qualquer meio (impresso ou digital)
sem autorização prévia, por escrito, da editora.

Publicado no Brasil com todos os direitos reservados por:
Orvalho.com
Rua Almirante Gonçalves, 2740 - Curitiba, PR - Brasil - CEP 80250-150
contato@orvalho.com / www.orvalho.com

DEDICATÓRIA

DEDICO ESTE LIVRO a Luciano e Kelly Subirá, a quem tenho o privilégio de chamar de pai e mãe. O evangelho me foi anunciado por vocês, não apenas em palavras — que sempre irradiavam paixão pelo Senhor Jesus —, mas também mediante testemunho, compromisso e santidade. Quando olho para vocês, enxergo pessoas que parecem feitas do "mesmo material" dos personagens bíblicos sobre os quais cresci lendo e ouvindo. A maneira como vocês vivem se encaixa com facilidade nas páginas do grande Livro. Com a autoridade de quem vive o que prega, vocês me conduziram a Cristo pela mão, com amor e paciência. Vocês são donos de minha eterna gratidão.

Se tudo o que tivesse para fazer na vida fosse correr com o legado que vocês geraram, não somente sobre mim, mas sobre seus muitos filhos espirituais, eu o faria com alegria. Espero honrar vocês e o seu legado com cada fibra de meu corpo. E continuarei ensinando à próxima geração sobre o evangelho e a responsabilidade de passá-lo adiante, para que, por meio de nossas vidas, o Cordeiro que foi imolado receba a recompensa.

    Amo vocês.
    Com carinho,
    Israel, seu filho.

AGRADECIMENTOS ESPECIAIS

À MINHA ESPOSA Priscilla, cujas contribuições permeiam as páginas deste livro. Obrigado por passar muitas horas cuidando de nossa filha e sendo encorajadora, enquanto eu o escrevia.

À família Huber, que chegou ao Brasil em 1956 para pregar o evangelho, o que abençoou minha nação ricamente — e minha própria família.

À Faculdade de Teologia da Oral Roberts University, que me introduziu em muitas das preciosas leituras citadas nesta obra.

A Henrique Girard e Ivan de Paiva, que leram este livro em seu primeiro esboço e fizeram excelentes sugestões.

PREFÁCIO

SINTO-ME TREMENDAMENTE HONRADO de prefaciar o livro do meu genro Israel Subirá. Ele realmente é um homem segundo o coração de Deus, que tem inspirado muitas pessoas, inclusive a mim. É uma alegria tê-lo não somente como genro e pai de meus preciosos netos, mas também como um filho.

Seu livro *Vimos e Ouvimos* chegou na hora certa, no local certo e foi escrito pela pessoa certa. Por que a hora certa? Com o acesso cada vez maior a todo tipo de ideias diferentes vindo das redes sociais, muitos cristãos bem-intencionados têm recebido uma dieta de ensinos e pensamentos estranhos acerca da Bíblia, do papel da igreja local e de qual deve ser a missão do seguidor de Jesus. As verdades embasadas na Palavra de Deus, na história da Igreja de Jesus (começando com os apóstolos até aos dias atuais) e na arqueologia, vieram na hora certa para trazer clareza no meio de tanta confusão. É a hora certa, também, porque toda hora é a hora certa de proclamar qual é o verdadeiro chamado de todo cristão. O autor mostra esse propósito de Deus de forma cristalina e desafiadora.

A mensagem do livro chegou também no local certo: o Brasil. Com destreza e coerência, meu genro Israel nos leva a refletir como nós, cristãos brasileiros, somos receptores do evangelho que chegou até nós através de gerações de homens e mulheres que tiveram um compromisso com o Senhor Jesus. Começando com a experiência dos apóstolos, o autor conta muitos detalhes interessantes da história da Igreja. A história dos mártires e do triunfo da Igreja, mesmo em meio a tantos desafios, é muito encorajadora. Creio que o Brasil será cada vez mais um protagonista no palco das missões mundiais e do avivamento prometido por Deus nestes últimos dias. Nunca podemos nos esquecer de valorizar o legado que recebemos, nem devemos deixar de compreender que a prioridade da igreja brasileira deve ser a continuação do cumprimento da Grande Comissão. Este livro veio para o local certo na hora certa!

Creio, também, que o Israel Subirá foi a pessoa certa para escrever este livro. Digo isso por várias razões. Primeiramente, pelo fato de ele ser alguém que, de fato, está praticando os princípios aqui ensinados. Israel não somente mostra o sagrado dever que todo cristão tem de pregar a respeito de Jesus de múltiplas formas, mas também conta muitas experiências preciosas de como ele coloca isso em prática. Confesso que, antes de ler o livro, eu achava que estava indo razoavelmente bem no que se refere a testemunhar de Jesus para as pessoas. Porém, ao ler o livro, fui profundamente tocado por Deus a fim de ser bem mais corajoso para pregar a todos e em todo momento.

Tenho enorme alegria em ver o ministério do Israel, assim como o de sua esposa, minha querida filha Priscilla, impactando um imenso grupo de jovens e adolescentes nas redes sociais. Como o Brasil e seus jovens precisam de referências fortes de pessoas como Israel, que são apaixonadas por Jesus, mas que, ao mesmo tempo, têm uma forte base teológica nas Sagradas Escrituras! O autor, de forma clara e didática, mostra argumentos fortes acerca da ressurreição de Jesus, e compartilha muitas bases apologéticas em defesa da inerrância da Bíblia. Este livro, com certeza, é para todos os seguidores de Jesus, seja um novo convertido ou um cristão maduro, jovem ou adulto.

Neste livro, podemos sentir a urgência de cooperarmos com a propagação do evangelho. Somos desafiados, independentemente da nossa profissão, a ser inteiramente rendidos a Jesus e aos seus interesses. O Israel enfatiza que a linguagem de amor do Senhor é a obediência.

Quantos cristãos já morreram pela causa de Cristo, e somos conclamados a estar prontos, de fato e de verdade, a também dar a nossa vida por Jesus e seu Reino: vivendo por Ele e, se necessário, morrendo por Ele.

Ao abordar a importância de fazer discípulos das nações, somos desafiados a nos entregar com ainda mais intensidade a essa poderosa missão também para apressar a segunda vinda de Jesus. Enfim, de forma bíblica, com firmeza e com muito amor, o autor nos leva a dizer juntamente com os apóstolos: não podemos deixar de falar das coisas que vimos e ouvimos!

Obrigado, Israel, por ser usado por Deus para nos trazer uma mensagem tão poderosa e necessária para os dias atuais! Amo vocês.

SUMÁRIO

INTRODUÇÃO — 19

1. O QUE ELES VIRAM? — 25
O processo que transformou discípulos fujões em mártires pelo evangelho.

2. O SINAL DE JONAS — 35
A importância da ressurreição de Jesus como sinal de autoridade.

3. UM MÊS E TANTO — 55
Os 40 dias em que Jesus, ressuscitado, expôs a si mesmo nas Escrituras.

4. FOGO IMPARÁVEL — 67
Aquele que capacita a ser testemunha do evangelho.

5. DE LESTE A OESTE — 85
Como a Igreja se espalhou de Jerusalém para o mundo.

6. TEMPOS SOMBRIOS — 105
Os trilhos torcidos, de Constantino à Idade Média.

7. NOVOS VEÍCULOS, ETERNAS VERDADES — 115
A Reforma, a prensa de Gutenberg e a pregação no mundo moderno.

8. SEGUINDO ADIANTE — 127
Responsabilidade pelo que vimos e ouvimos.

9. A IGREJA, A BÍBLIA E O FIM — 149
Como o amor à Igreja, à Bíblia e ao retorno de Cristo devem impulsionar a pregação.

BIBLIOGRAFIA — 165

INTRO

INTRODUÇÃO

> **NÃO PODEMOS DEIXAR DE FALAR DO QUE VIMOS E OUVIMOS** – ATOS 4.20 (NVI)

CERTA OCASIÃO, QUANDO li esta passagem, não pude evitar o choro. A frase reverberava em meu coração, e ao meditar sobre o contexto, a declaração se tornou ainda mais marcante.

Por milhares de anos, o Senhor revelou, progressivamente, um brilhante plano de redenção da humanidade, orquestrado desde os tempos eternos. Para executá-lo, Ele escolheu e chamou um homem, bem como sua linhagem, que, eventualmente, se tornaria uma grande nação e, no tempo certo, receberia o Messias, o rei-sacerdote-profeta capaz de solucionar, de uma vez por todas, o grande problema da humanidade: o abismo de separação entre Deus e os homens.

Também por milhares de anos, textos, poemas e canções alimentaram a expectativa daquele povo acerca do grandioso momento que, apesar de sua infinita importância, chegou de forma sútil e humilde. Muitos não compreenderam que, de fato, era chegado o Redentor. Entretanto, os que reconheceram suas palavras, além dos muitos sinais de que Jesus de Nazaré era de fato o Cristo, passaram a segui-lo.

Depois de intensos três anos e meio anunciando esperança ao povo, Jesus finalmente consumou o plano divino de redenção. Em infinito amor e misericórdia, colocou-se no caminho da ira justa de Deus, pagando a conta pelos pecados da humanidade e oferecendo plena restauração aos homens, aos seus filhos e aos filhos de seus filhos.

Depois de seu suficiente sacrifício, Jesus de Nazaré ressuscitou dentre os mortos, vitorioso sobre a morte e o inferno, e estabeleceu sua Igreja. Por 40 dias, instruiu seus discípulos acerca do novo tempo, comissionando-os aos confins da terra, a partir de Jerusalém, para anunciar as boas-novas a toda tribo, língua e nação.

Então, revestidos de poder do alto, cheios do Espírito Santo, eles partiram para anunciar salvação ao mundo. Essa mensagem, constituída de relatos daquilo que *viram* e *ouviram*, atravessou e enfrentou desertos, mares, prisões e perseguições. Ainda hoje, mais de 2.000 anos depois, a mensagem de esperança sobre os feitos do Deus-Homem reverbera em nossa sociedade – não somente devido a Cristo e seu sacrifício, mas também por causa de homens e mulheres que não se calaram a respeito das coisas que viram e ouviram.

Após serem cheios do Espírito Santo em Pentecostes, Pedro e João, dois pescadores que foram amigos e discípulos de Jesus durante três anos, anunciaram o evangelho em Jerusalém. Milhares entregaram suas vidas a Cristo diante das boas-novas e dos sinais que as acompanhavam. Percebendo o alvoroço, líderes religiosos chamaram Pedro e João para interrogá-los. Perplexos, não sabiam exatamente o que fazer com aquele movimento, que crescia apenas em Jerusalém. Então, exigiram que os dois parassem de pregar em nome de Jesus. Diante de ameaças, eles responderam que não podiam desobedecer a Deus, que os comissionara a pregar tal mensagem em nome de Jesus. Pedro e João não se calariam a respeito de tudo o que viram e ouviram.

Hoje, um cristão possui uma conexão direta com Jesus, que estabeleceu a Igreja, além de ter fácil acesso à história e à mensagem daqueles homens ousados que pagaram um preço a fim de abrir caminho para a propagação do evangelho – para muitos, aliás, o custo foi a própria vida. Hoje, nós nos alimentamos dos frutos das primeiras pregações da era cristã, liberadas por pessoas que entenderam a necessidade e a responsabilidade de testemunhar acerca do que viram e ouviram do Redentor.

No entanto, a Igreja contemporânea parece não demonstrar o mesmo senso de urgência no compartilhar o evangelho. Em parte, isso se deve à falta de contato com a trajetória histórica de comunicação das boas-novas. Há uma falta de consciência com relação ao precioso sangue derramado para que a mensagem pudesse atravessar o mundo até encontrar cada um de nós. Refiro-me não somente ao sangue de Jesus, mas também ao sangue que, mesmo sem papel redentor, foi derramado por seus amigos e testemunhas: o sangue dos mártires.

Ao escrever esta obra, meu propósito é conduzi-lo por uma breve, mas impactante, jornada através da Bíblia e da história: a mensagem do evangelho chegou a nós por uma via pavimentada com sangue. Minha intenção é convidá-lo a honrar os que abriram caminho e a ser grato a eles, mas não só isso: quero instigá-lo a também cooperar. Oro por um transbordar de temor e compromisso para com a missão que nos foi dada de levar esse poderoso evangelho adiante.

A mensagem é importante demais para ficar escondida em nossas gavetas. É estrondosa demais para ser guardada no silêncio. Nunca, jamais, podemos nos calar a respeito do que *vimos* e *ouvimos*.

CAPÍTULO 1

O QUE ELES VIRAM?

OS DISCÍPULOS QUE Cristo preparou ao longo de seu ministério estavam dispostos a morrer por aquilo que viram e ouviram. E nós sabemos, pelos relatos dos evangelhos, que nem sempre foi assim.

Marcos 14.50 afirma que todos os discípulos de Jesus o abandonaram no Getsêmani, fugindo na hora de seu maior sofrimento. Porém, entre aquela fuga inicial e a posterior disposição de ficar, algo aconteceu. Algo transformou aqueles discípulos fujões em destemidos pregadores, dispostos a desistir da vida para preservar a verdade que pregavam. Nas palavras de Sean McDowell: "Selando seus testemunhos, por assim dizer, com o sangue deles próprios. A força da convicção, marcada pela disposição à morte, indica que a alegação não foi fabricada por eles, ao invés disso, sem exceções, eles creram que Jesus ressuscitou dentre os mortos."[1]

Por pouco mais de três anos, 12 homens comuns seguiram Jesus de perto. Naquele período, eles testemunharam incontáveis curas e milagres. Cegos viram, aleijados andaram, leprosos foram purificados, mortos ressuscitaram e o milagre ainda mais impressionante: pessoas se arrependeram de seus pecados, voltando-se para Deus.

---

1. MCDOWELL, Sean. *The Fate of the Apostles*, p. 2.

Eles presenciaram coisas marcantes. Esses homens sabiam quem Jesus era: o Cristo.

Imagine as longas caminhadas de uma cidade a outra e o diálogo de Jesus com seus discípulos. Imagine as conversas à noite, em volta de uma fogueira. Imagine estar presente na transfiguração de Cristo. No entanto, mesmo após incontáveis experiências e tamanha proximidade, nas agoniantes horas que antecederam a cruz, mesmo depois de tudo o que haviam presenciado e entendido, aqueles homens ainda não se mostraram dispostos a morrer pelo Cristo que haviam acompanhado e servido.

Pouco tempo depois, o registro de Lucas, em Atos, mostra uma surpreendente ousadia daqueles discípulos — do grupo inicial, restaram 11, um a menos, porque o traidor Judas havia se suicidado. Dos 11, o que se sabe é que apenas João não foi mártir, e só não o foi porque sobreviveu milagrosamente a uma sentença mortal. Afinal, o que aconteceu com eles entre o abandono no Getsêmani e a entrega total de suas vidas em favor do evangelho? O que mudou?

A Bíblia não relata, nem direta nem indiretamente, o destino de nove dos apóstolos. Contudo, há especulações baseadas em registros daquilo que, inicialmente, só se transmitia de forma oral; são relatos que compõem a chamada "tradição da Igreja". Muitos dos relatos são confiáveis, enquanto alguns, passíveis de discussão. De qualquer forma, não podemos tratá-los como verdades bíblicas. Porém, com o intuito de encorajamento, decidi trazer à tona os possíveis destinos dos nove (além de Paulo, Matias e Tiago, irmão de Jesus), a saber, suas mortes por Cristo.

O DESTINO DOS APÓSTOLOS

De acordo com a tradição da Igreja, durante a perseguição sob o governo de Nero, imperador romano, Pedro foi crucificado de cabeça para baixo, maneira escolhida por ele próprio, sob a alegação de que não era digno de morrer como seu Senhor. Mais uma vez, cito Sean McDowell, em sua obra *The Fate of The Apostles* (O destino dos apóstolos), fruto de diligente pesquisa: "A visão tradicional de que

Pedro foi crucificado durante o reinado de Nero em 64-67 depois de Cristo foi cuidadosamente analisada".[2]

Em seu trabalho *The Perscriptions Against Heretics* (Prescrições contra hereges), Tertuliano, um dos Pais da Igreja, também dá como certo o tipo de morte de Pedro afirmado pela tradição. O autor ainda cita o destino de Paulo, que teria sofrido o mesmo tipo de morte de João Batista, e o do apóstolo João, que sobreviveu a um mergulho em óleo fervente: "Como é feliz a igreja cujos apóstolos derramaram toda sua doutrina junto com seu sangue! E Pedro suportou uma paixão como a de seu Senhor! Paulo ganhou sua coroa em uma morte como a de João [Batista], e o apóstolo João foi, primeiro, mergulhado em óleo fervente, saiu ileso e, então, foi enviado para a ilha em que ficou exilado!"[3]

Alguns relatos sugerem que André, irmão pescador de Pedro, também tenha sido crucificado, depois de anunciar o evangelho na Turquia e na Grécia – é o que a tradição anuncia. Há dúvidas acerca da morte por crucificação, mas, tendo em vista antigas menções e sermões, é mais provável que tenha ocorrido dessa maneira.

Tomé, já não mais duvidoso, foi empalado ao pregar na Índia. A maior evidência de seu tipo de morte está na tradição oral, mas o desenrolar da história fez com que não restassem dúvidas. Quando os portugueses chegaram em Malabar, em 1500, havia uma comunidade indiana de cristãos que, há séculos, defendiam firmemente que o fundador de sua igreja havia sido Tomé: "A tradição de São Tomé afirma que os brâmanes mataram Tomé com uma única lança. De acordo com Atos de Tomé, o rei ordenou que quatro soldados o perfurassem com lanças. Há uma discordância a respeito de quem matou Tomé e do número de lanças usadas, mas todos concordam com a maneira de sua morte".[4] Entende-se que o evangelismo de Tomé provocou a ira de sacerdotes pagãos, que o atravessaram com uma lança.

Filipe pregou na África e na Ásia, mas, segundo a tradição, foi

---

2. MCDOWELL, Sean. *The Fate of the Apostles*, p. 60.
3. TERTULLIAN. *The Prescription Against Heretics*, p. 260.
4. MCDOWELL, Sean. *The Fate of the Apostles*, p. 62.

cruelmente morto a mando de um procônsul romano, que não aceitava a conversão de sua esposa.

Há relatos variantes acerca da morte de Bartolomeu, mas a versão mais plausível, segundo muitos historiadores, é a de que viajou até Naidas, onde ministrou o evangelho, curando enfermos e expulsando demônios, e lá foi assassinado. No estudo de Wallis Budge, a versão apresentada é a de que, como resultado da pregação de Bartolomeu, a esposa do rei Acarpus decidiu parar de dormir com ele, por entender a ilegitimidade de seu casamento. O rei furioso acusou-o de feitiçaria e ordenou que fosse lançado ao mar amarrado a um saco cheio de areia.[5]

Mateus certamente foi um missionário: pregou em diversos lugares como a Pérsia e a Macedônia. Uma tradição diz que foi queimado vivo; outra, que foi decapitado pela espada; ainda outra, que foi empalado. Há também discordâncias acerca de onde morreu, embora qualquer das versões seja plausível. John Foxe, por exemplo, defendia que seu martírio ocorrera com uma lança, o que acreditava ter acontecido em Nabada no ano 60 d.C.

O outro apóstolo Tiago, filho de Alfeu, que não era o irmão de Jesus nem o que caminhava no grupo dos três mais próximos de Cristo, foi apedrejado ou crucificado. Simão, o zelote, foi morto por se recusar a adorar o deus Sol. Tadeu foi martirizado na Pérsia, e antigas pinturas apresentam sua execução com um machado. A tradição grega diz que Matias, o apóstolo escolhido para substituir Judas, anunciou as boas-novas na Capadócia, onde foi crucificado e, depois, esquartejado.[6]

Tiago, irmão de Jesus, ainda que não estivesse entre os 12, também foi morto pelo evangelho, o que é claro no relato de Josefo: "Festus estava morto, e Albinus se encontrava na estrada; então ele reuniu o sinédrio de juízes e trouxe diante deles o irmão de Jesus, chamado Cristo, cujo nome era Tiago, e alguns outros [ou alguns de seus companheiros]; e tendo formado uma

---

5. BUDGE, E. A. Wallis. *The Contendings of the Apostles: Being the Histories of the Lives and Martyrdoms and Deaths of the Twelve Apostles and Evangelists; the Ethiopic Texts. Museum, With an English Translation; Volume 2*, p. 110.
6. Disponível em: https://www.britannica.com/biography/Saint-Matthias

acusação contra eles como transgressores da lei, ele os entregou para serem apedrejados".[7] Em *Blasphemy and Exaltation in Judaism* (Blasfêmia e exaltação no judaísmo), Darrel L. Bock acrescenta, sobre a morte de Tiago: "Que Lei Tiago quebrou, dada a sua reputação nos círculos cristãos como um líder judeu que era cuidadoso em guardar a Lei? Parece provável que a Lei teve de relacionar suas alegações cristológicas a uma acusação de blasfêmia. Isso se encaixaria com o fato de que ele foi apedrejado, que era a penalidade por tal crime e é um paralelo de como também Estêvão foi tratado".[8] O mesmo Tiago, que antes não havia crido que seu irmão era o Cristo (Jo 7.5), morreu precisamente por crer Nele.

Todas essas mortes são relatadas por tradição. Embora não sejam todas precisas, são, no mínimo, plausíveis. Mais uma vez, levanta-se a pergunta: o que eles viram?!

Agora, vamos ao que a Bíblia, sim, menciona. O apóstolo Tiago foi executado à espada, por ordem de Herodes (At 12.2). De acordo com a crença judaica, a sentença para quem fosse apóstata era o apedrejamento, mas, para quem levasse uma cidade à apostasia, era a morte pela espada. McDowell lembra que Herodes Agripa vivia como judeu; o fato de ter ordenado a morte de Tiago pela espada, portanto, denota o grande sucesso evangelístico do apóstolo e da Igreja em Jerusalém. Simon J. Kistemaker, em *Comentário do Novo Testamento – Exposição de Atos dos Apóstolos*, esclarece: "Aos olhos de Herodes Agripa, Tiago havia levado a cidade de Jerusalém a se extraviar".[9]

Finalmente, a Bíblia descreve, de forma direta, uma parte do destino de João, que foi exilado na ilha de Patmos, onde não apenas sobreviveu ao ser jogado em óleo quente, mas também permaneceu por um bom tempo e escreveu o Apocalipse (Ap 1.9). Estudiosos datam o livro de 95 d.C., ou seja, João o escreveu já idoso, tendo em vista que era contemporâneo de Cristo. Trata-se de uma informação

---

7. JOSEPHUS, Flavius. *Antiquities of the Jews*. In *The Works of Josephus*. New Update Version. Translated by William Whiston, p. 2083.
8. BOCK, L. Darrel. *Blasphemy and Exaltation in Judaism: The Charge against Jesus in Mark 14:53-65*, p. 10.
9. KISTEMAKER, S. J. *Comentário do Novo Testamento – Exposição de Atos dos Apóstolos*, p. 568.

bíblica indireta, mas que colabora para se entender o fim do apóstolo, que sobreviveu às tentativas de matá-lo e chegou à velhice. A parte que falta de seu destino, isto é, como faleceu, é conhecida por meio da tradição: foi liberado do exílio em Patmos e morreu em Éfeso, de causas naturais — é o que afirmam escritos de Polícrates de Éfeso e de Eusébio de Cesareia. Sendo assim, apenas um apóstolo teve morte natural, embora tenha sofrido muitas cadeias e atentados, assim como os demais.

Aqueles mesmos homens que haviam fugido diante da possibilidade de morrer junto com Jesus, posteriormente, permaneceram firmes e fiéis até a morte. Vale ressaltar que muitos estão dispostos a *matar* pelo que acreditam, entretanto, poucos estão dispostos a *morrer* pelo que acreditam — menos ainda morrer *para compartilhar* sua crença com o próximo.

O próprio fato de, hoje, conhecermos e podermos discutir o evangelho já nos remete à postura dos discípulos de Jesus: eles obedeceram à grande comissão, entregando a própria vida no processo. Assim, as boas-novas começaram a se espalhar pelo mundo com os amigos de Jesus. Aqueles poucos homens viraram o mundo de cabeça para baixo.

Mas o que foi que virou o mundo deles de cabeça para baixo? O que os transformou? Essa disposição de morrer para anunciar a salvação, de onde veio? O que, afinal de contas, aqueles homens viram e ouviram? Sei que você está esperando a resposta, mas precisamos passar por várias estações antes de chegar lá.

DOIS

CAPÍTULO 2

O SINAL DE JONAS

Jesus baseou a autoridade de seus ensinamentos em um só milagre: sua ressurreição. Leia comigo:

> Alguns dos mestres da lei e fariseus vieram a Jesus e disseram: "Mestre, queremos que nos mostre um sinal de sua autoridade". Jesus, porém, respondeu: "Vocês pedem um sinal porque são uma geração perversa e adúltera, mas *o único sinal que lhes darei** será o do profeta Jonas. Pois, assim como Jonas passou três dias e três noites no ventre do grande peixe, o Filho do Homem ficará três dias e três noites no coração da terra" – Mateus 12.38-40 (NVT)

A verdade é que Jesus lhes prometera um único sinal de sua autoridade: a ressurreição, três dias após sua morte. Diversas vezes, Ele previu que morreria. Além disso, anunciou com extrema clareza que, assim, se efetuaria o grande milagre da redenção:

---

* O autor, com o objetivo de enfatizar a mensagem, inclui grifos nos textos bíblicos. Sempre que eles ocorrerem, estarão em itálico negrito. (Nota da revisora).

ENTÃO, COMEÇOU ELE A ENSINAR-LHES QUE ERA NECESSÁRIO QUE O FILHO DO HOMEM SOFRESSE MUITAS COISAS, FOSSE REJEITADO PELOS ANCIÃOS, PELOS PRINCIPAIS SACERDOTES E PELOS ESCRIBAS, FOSSE MORTO E QUE, DEPOIS DE TRÊS DIAS, RESSUSCITASSE. *E ISTO ELE EXPUNHA CLARAMENTE.* MAS PEDRO, CHAMANDO-O À PARTE, COMEÇOU A REPROVÁ-LO. JESUS, PORÉM, VOLTOU-SE E, FITANDO OS SEUS DISCÍPULOS, REPREENDEU A PEDRO E DISSE: ARREDA, SATANÁS! PORQUE NÃO COGITAS DAS COISAS DE DEUS, E SIM DAS DOS HOMENS – MARCOS 8.31-33

E, TENDO PARTIDO DALI, PASSAVAM PELA GALILEIA, E NÃO QUERIA QUE NINGUÉM O SOUBESSE; PORQUE ENSINAVA OS SEUS DISCÍPULOS E LHES DIZIA: O FILHO DO HOMEM SERÁ ENTREGUE NAS MÃOS DOS HOMENS, E O MATARÃO; *MAS, TRÊS DIAS DEPOIS DA SUA MORTE, RESSUSCITARÁ.* ELES, CONTUDO, NÃO COMPREENDIAM ISTO E TEMIAM INTERROGÁ-LO – MARCOS 9.30-32

ESTAVAM DE CAMINHO, SUBINDO PARA JERUSALÉM, E JESUS IA ADIANTE DOS SEUS DISCÍPULOS. ESTES SE ADMIRAVAM E O SEGUIAM TOMADOS DE APREENSÕES. E JESUS, TORNANDO A LEVAR À PARTE OS DOZE, PASSOU A REVELAR-LHES AS COISAS QUE LHE DEVIAM SOBREVIR, DIZENDO: EIS QUE SUBIMOS PARA JERUSALÉM, E O

> FILHO DO HOMEM SERÁ ENTREGUE AOS PRINCIPAIS SACERDOTES E AOS ESCRIBAS; CONDENÁ-LO-ÃO À MORTE E O ENTREGARÃO AOS GENTIOS; HÃO DE ESCARNECÊ-LO, CUSPIR NELE, AÇOITÁ-LO *E MATÁ-LO; MAS, DEPOIS DE TRÊS DIAS, RESSUSCITARÁ* – MARCOS 10.32-34

A morte não pegou Jesus de surpresa e, obviamente, a ressurreição também não. Nosso Redentor sabia exatamente o que veio fazer. Apenas no Evangelho de Marcos, Jesus fala três vezes de sua morte e ressurreição — e fala aberta e claramente. No entanto, seus discípulos não entendiam e, ainda, temiam fazer perguntas acerca de um assunto tão delicado. Por mais que, diversas vezes, tivessem visto Jesus ressuscitar mortos não concebiam ter de testemunhar a ressurreição Dele.

Precisamos dar alguns passos atrás para entender por que os mestres da lei e os fariseus questionavam a autoridade de Jesus. Eles também haviam testemunhado muitos milagres; e como representantes religiosos da época, isso lhes causou inveja. Além disso, diversas vezes, muitos ficaram escandalizados com quem Jesus reivindicou ser.

Quando detido, Jesus foi interrogado abertamente pelo sumo sacerdote, porque o acusavam de blasfêmia: *Então o sumo sacerdote perguntou: "Você é o Cristo, o Filho do Deus Bendito?" "Eu sou", disse Jesus. "E vocês verão o Filho do Homem sentado à direita do Deus Poderoso e vindo sobre as nuvens do céu"* (Mc 14.61,62 – NVT). Jesus respondeu com clareza. Em outra ocasião, Jesus declarou o seguinte a respeito de si mesmo: *Eu lhes digo a verdade: antes mesmo de Abraão nascer, **Eu sou!*** (Jo 8.58 – NVT). Não há sombra de dúvida: Jesus afirmou ser Deus.

É necessário entender que o Deus-Homem foi um tema profetizado. Apesar das ordens expressas de que ninguém, a não ser Deus, devia ser adorado (Êx 20.3-5), ao mesmo tempo, a Bíblia conhecida daquele tempo (Antigo Testamento) também apontava para um *filho do homem* que seria adorado por todos os povos, nações e homens de todas as línguas (Dn 7.9-14 – ACF). Meu amigo Fabio

Apolinario dissertou com tremenda propriedade sobre a profecia messiânica de Daniel em sua tese de conclusão do mestrado de Literatura Bíblica na Oral Roberts University, uma obra literária que tive o privilégio de desfrutar. Ele defende que, de fato, a profecia aponta para Jesus Cristo; caso contrário, esse *filho do homem* não poderia ser glorificado, porque Deus não divide sua glória com ninguém (Is 42.8).

Ou seja, as Escrituras, que determinam que ninguém, a não ser Deus, deve ser adorado ou servido, também apresentam um *filho do homem* que seria adorado e servido. Se a Bíblia não se contradiz, então não há nenhuma quebra no monoteísmo — o filho do homem também é Deus. Sem sombra de dúvida, foi a essa promessa messiânica de um Deus-Homem que Jesus fez referência, relacionando-a consigo mesmo. Os judeus religiosos, conhecedores das Escrituras, podiam ligar os pontos: aquele nazareno estava declarando ser o cumprimento tão esperado da promessa. E Jesus continuou a afirmar, com todas as letras, ser Ele o *filho do homem*, o Messias, o Cristo, o Filho de Deus, um com o Pai.

Entretanto, aquela geração incrédula rejeitou todos os sinais e milagres realizados, que poderiam atestar a autoridade de Jesus. Então, quando os fariseus lhe pediram um sinal, Jesus prometeu apenas um: o sinal de Jonas, de sua ressurreição após três dias no coração da terra. É por isso que a veracidade da ressurreição de Cristo é tão importante.

Certa vez, C. S. Lewis afirmou, acerca de quem Jesus declarou ser, e acrescentou que cada pessoa tem de decidir aceitá-lo como uma de três coisas: ou Senhor, ou lunático, ou mentiroso, pois Jesus se manifestou com clareza acerca de sua identidade. Confira:

QUERO EVITAR AQUI QUE ALGUÉM DIGA A ENORME TOLICE QUE MUITOS COSTUMAM DIZER A RESPEITO DELE: "ESTOU PRONTO PARA ACEITAR A JESUS COMO UM GRANDE MESTRE DE MORAL, MAS NÃO ACEITO SUA REIVINDICAÇÃO DE SER DEUS". ESSE É O TIPO DE

> COISA QUE NÃO SE DEVE DIZER. UM HOMEM QUE FOSSE MERAMENTE UM SER HUMANO E DISSESSE O TIPO DE COISA QUE JESUS DISSE NÃO SERIA UM GRANDE MESTRE DE MORAL. DE DUAS UMA, OU ELE SERIA UM LUNÁTICO – DO NÍVEL DE ALGUÉM QUE AFIRMASSE SER UM OVO FRITO – OU ENTÃO SERIA O DIABO EM PESSOA. FAÇA A SUA ESCOLHA. OU ESSE HOMEM ERA, E É, O FILHO DE DEUS; OU ENTÃO UM LOUCO OU ALGO PIOR. VOCÊ PODE DESCARTÁ-LO COMO SENDO UM TOLO OU PODE CUSPIR NELE E MATÁ-LO COMO A UM DEMÔNIO; OU, ENTÃO, PODERÁ CAIR DE JOELHOS A SEUS PÉS E CHAMÁ-LO DE SENHOR E DEUS. MAS NÃO ME VENHA COM ESSA CONVERSA MOLE DE ELE TER SIDO UM GRANDE MESTRE DE MORAL, POIS ELE NÃO NOS DEU ESSA ALTERNATIVA E NEM TINHA ESSA PRETENSÃO.[10]

Ou Jesus era *mentiroso*, afirmando ser o Filho de Deus sem, de fato, ser. Ou era um *lunático*, que, em uma fantasia delirante, imaginava ser o Filho de Deus. Ou Ele era (e é) *Senhor*, exatamente quem declarava ser: o Filho de Deus. Esta é a pergunta que todo mundo tem de se fazer: qual desses três eu aceito que Jesus é? A resposta a essa questão muda a forma como a vida deve ser vivida, e muda de maneira definitiva. Se Jesus realmente é quem declarou ser, isso transforma tudo, não é mesmo?

Todos precisam passar pelo processo de decidir o que pensam de Cristo. Muitos que se dizem cristãos dormem em cima da significante verdade de quem Cristo é. Stanley Jones, considerado um dos maiores

---

10. LEWIS, C. S. *Cristianismo Puro e Simples*, p. 51.

missionários do século XX, costumava dizer que o maior perigo para o cristianismo não é o *anticristianismo*, mas o *subcristianismo*. Por quê? Porque os "mornos" são repugnantes a Cristo (Ap 3.16).

Vale lembrar que, após ver com os próprios olhos o Campeão que venceu a morte, o Mestre ressurreto, nenhum dos apóstolos permaneceu fugitivo, nenhum se ateve à mornidão. Muitos vivem em mornidão espiritual, porque não têm olhos para Jesus — enchem-se de outras coisas, ocupando o coração com distrações e paixões pelas riquezas. No entanto, para os que viram Jesus, somente uma reação é esperada: a de viver radicalmente apaixonado por Ele.

O fato de que o Filho de Deus encarnou em nosso meio já é uma revelação estrondosa, mas não termina aí: Ele ressuscitou dentre os mortos por nossa causa. Seria este o "absurdo" que transformou os discípulos fujões em mártires pelo evangelho: o sinal de Jonas?

Mas como podemos ter certeza de que a história de ressurreição não foi inventada? Há muitos sinais e provas — dentre eles, as aparições de Jesus depois da ressurreição. Então, vamos a elas. Aperte o cinto e respire fundo. Como referência, usarei nesta seção uma sinopse do Dr. Strauss, em *Four Portraits, One Jesus* (Quatro retratos, um Jesus).[11]

APARIÇÕES BÍBLICAS DE JESUS APÓS A RESSURREIÇÃO

A MARIA MADALENA

- Havendo ele ressuscitado de manhã cedo no primeiro dia da semana, apareceu primeiro a Maria Madalena, da qual expelira sete demônios. E, partindo ela, foi anunciá-lo àqueles que, tendo sido companheiros de Jesus, se achavam tristes e choravam. Estes, ouvindo que ele vivia e que fora visto por ela, não acreditaram – Marcos 16.9-11

---

11. STRAUSS, L. Mark. *Four Portraits, One Jesus: A Survey of Jesus and the Gospels*, p. 513.

- Maria, entretanto, permanecia junto à entrada do túmulo, chorando. Enquanto chorava, abaixou-se, e olhou para dentro do túmulo, e viu dois anjos vestidos de branco, sentados onde o corpo de Jesus fora posto, um à cabeceira e outro aos pés. Então, eles lhe perguntaram: Mulher, por que choras? Ela lhes respondeu: Porque levaram o meu Senhor, e não sei onde o puseram. Tendo dito isto, voltou-se para trás e viu Jesus em pé, mas não reconheceu que era Jesus. Perguntou-lhe Jesus: Mulher, por que choras? A quem procuras? Ela, supondo ser ele o jardineiro, respondeu: Senhor, se tu o tiraste, dize-me onde o puseste, e eu o levarei. Disse-lhe Jesus: Maria! Ela, voltando-se, lhe disse, em hebraico: Raboni (que quer dizer Mestre)! Recomendou-lhe Jesus: Não me detenhas; porque ainda não subi para meu Pai, mas vai ter com os meus irmãos e dize-lhes: Subo para meu Pai e vosso Pai, para meu Deus e vosso Deus. Então, saiu Maria Madalena anunciando aos discípulos: Vi o Senhor! E contava que ele lhe dissera estas coisas – João 20.11-18

A OUTRAS MULHERES

- No findar do sábado, ao entrar o primeiro dia da semana, Maria Madalena e a outra Maria foram ver o sepulcro. E eis que houve um grande terremoto; porque um anjo do Senhor desceu do céu, chegou-se, removeu a pedra e assentou-se sobre ela. O seu aspecto era como um relâmpago, e a sua veste, alva como a neve. E os guardas tremeram espavoridos e ficaram como se estivessem mortos. Mas o anjo, dirigindo-se às mulheres, disse: Não temais; porque sei que buscais Jesus, que foi crucificado. Ele não está aqui; ressuscitou, como tinha dito. Vinde ver onde ele jazia. Ide, pois, depressa e dizei aos seus discípulos que ele ressuscitou dos mortos e vai adiante de vós para a Galileia; ali o vereis. É como vos digo! E, retirando-se elas apressadamente do sepulcro, tomadas de medo e grande alegria, correram a anunciá-lo aos discípulos. E eis que Jesus veio ao encontro delas e disse: Salve! E elas, aproximando-se, abraçaram-lhe os pés e o adoraram. Então, Jesus lhes disse: Não temais! Ide avisar a meus irmãos que se dirijam à Galileia e lá me verão – Mateus 28.1-10

- Passado o sábado, Maria Madalena, Maria, mãe de Tiago, e Salomé, compraram aromas para irem embalsamá-lo. E, muito cedo, no primeiro dia da semana, ao despontar do sol, foram ao túmulo. Diziam umas às outras: Quem nos removerá a pedra da entrada do túmulo? E, olhando, viram que a pedra já estava removida; pois era muito grande. Entrando no túmulo, viram um jovem assentado ao lado direito, vestido de branco, e ficaram surpreendidas e atemorizadas. Ele, porém, lhes disse: Não vos atemorizeis; buscais a Jesus, o Nazareno, que foi crucificado; ele ressuscitou, não está mais aqui; vede o lugar onde o tinham posto. Mas ide, dizei a seus discípulos e a Pedro que ele vai adiante de vós para a Galileia; lá o vereis, como ele vos disse. E, saindo elas, fugiram do sepulcro, porque estavam possuídas de temor e de assombro; e, de medo, nada disseram a ninguém – Marcos 16.1-8

AOS DISCÍPULOS DE EMAÚS

- Naquele mesmo dia, dois deles estavam de caminho para uma aldeia chamada Emaús, distante de Jerusalém sessenta estádios. E iam conversando a respeito de todas as coisas sucedidas. Aconteceu que, enquanto conversavam e discutiam, o próprio Jesus se aproximou e ia com eles. Os seus olhos, porém, estavam como que impedidos de o reconhecer. Então, lhes perguntou Jesus: Que é isso que vos preocupa e de que ides tratando à medida que caminhais? E eles pararam entristecidos. Um, porém, chamado Cleopas, respondeu, dizendo: És o único, porventura, que, tendo estado em Jerusalém, ignoras as ocorrências destes últimos dias? Ele lhes perguntou: Quais? E explicaram: O que aconteceu a Jesus, o Nazareno, que era varão profeta, poderoso em obras e palavras, diante de Deus e de todo o povo, e como os principais sacerdotes e as nossas autoridades o entregaram para ser condenado à morte e o crucificaram. Ora, nós esperávamos que fosse ele quem havia de redimir a Israel; mas, depois de tudo isto, é já este o terceiro dia desde que tais coisas sucederam. É verdade também que algumas mulheres, das que conosco estavam, nos surpreenderam, tendo ido de madrugada ao túmulo; e, não achando o corpo de Jesus, voltaram dizendo terem tido uma visão de anjos, os quais afirmam que ele vive. De fato, alguns dos nossos foram ao sepulcro e verificaram a exatidão do que disseram as mulheres; mas não o viram. Então, lhes disse Jesus: Ó néscios e tardos de coração para crer tudo o que os profetas disseram! Porventura, não convinha que o Cristo padecesse e entrasse na sua glória? E, começando por Moisés, discorrendo por todos os Profetas, expunha-lhes o que a seu respeito constava em todas as Escrituras. Quando se aproximavam da aldeia para onde iam, fez ele menção de passar adiante. Mas eles o constrangeram, dizendo: Fica conosco, porque é tarde, e o dia já declina. E entrou para ficar com eles. E aconteceu que, quando estavam à mesa, tomando ele o pão, abençoou-o e, tendo-o partido, lhes deu; então, se lhes abriram os olhos, e o reconheceram; mas ele desapareceu da presença deles. E disseram um ao outro: Porventura, não nos ardia o coração, quando ele, pelo caminho, nos falava, quando nos expunha as Escrituras? E, na mesma hora, levantando-se, voltaram para Jerusalém, onde acharam reunidos os onze e outros com eles, os quais diziam: O Senhor ressuscitou e já apareceu a Simão! Então, os dois contaram o que lhes acontecera no caminho e como fora por eles reconhecido no partir do pão – Lucas 24.13-35

AOS 11, SEM TOMÉ

- Ao cair da tarde daquele dia, o primeiro da semana, trancadas as portas da casa onde estavam os discípulos com medo dos judeus, veio Jesus, pôs-se no meio e disse-lhes: Paz seja convosco! E, dizendo isto, lhes mostrou as mãos e o lado. Alegraram-se, portanto, os discípulos ao verem o Senhor. Disse-lhes, pois, Jesus outra vez: Paz seja convosco! Assim como o Pai me enviou, eu também vos envio. E, havendo dito isto, soprou sobre eles e disse-lhes: Recebei o Espírito Santo. Se de alguns perdoardes os pecados, são-lhes perdoados; se lhos retiverdes, são retidos João 20.19-23

AOS 11, COM TOMÉ

- Passados oito dias, estavam outra vez ali reunidos os seus discípulos, e Tomé, com eles. Estando as portas trancadas, veio Jesus, pôs-se no meio e disse-lhes: Paz seja convosco! E logo disse a Tomé: Põe aqui o dedo e vê as minhas mãos; chega também a mão e põe-na no meu lado; não sejas incrédulo, mas crente. Respondeu-lhe Tomé: Senhor meu e Deus meu! Disse-lhe Jesus: Porque me viste, creste? Bem-aventurados os que não viram e creram – João 20.26-29

- Seguiram os onze discípulos para a Galileia, para o monte que Jesus lhes designara. E, quando o viram, o adoraram; mas alguns duvidaram – Mateus 28.16,17

- Falavam ainda estas coisas quando Jesus apareceu no meio deles e lhes disse: Paz seja convosco! Eles, porém, surpresos e atemorizados, acreditavam estarem vendo um espírito. Mas ele lhes disse: Por que estais perturbados? E por que sobem dúvidas ao vosso coração? Vede as minhas mãos e os meus pés, que sou eu mesmo; apalpai-me e verificai, porque um espírito não tem carne nem ossos, como vedes que eu tenho. Dizendo isto, mostrou-lhes as mãos e os pés. E, por não acreditarem eles ainda, por causa da alegria, e estando admirados, Jesus lhes disse: Tendes aqui alguma coisa que comer? Então, lhe apresentaram um pedaço de peixe assado [e um favo de mel]. E ele comeu na presença deles – Lucas 24.36-43

AOS SETE, DURANTE A PESCA

- Depois disto, tornou Jesus a manifestar-se aos discípulos junto do mar de Tiberíades; e foi assim que ele se manifestou: estavam juntos Simão Pedro, Tomé, chamado Dídimo, Natanael, que era de Caná da Galileia, os filhos de Zebedeu e mais dois dos seus discípulos. Disse-lhes Simão Pedro: Vou pescar. Disseram-lhe os outros: Também nós vamos contigo. Saíram, e entraram no barco, e, naquela noite, nada apanharam. Mas, ao clarear da madrugada, estava Jesus na praia; todavia, os discípulos não reconheceram que era ele. Perguntou-lhes Jesus: Filhos, tendes aí alguma coisa de comer? Responderam-lhe: Não. Então, lhes disse: Lançai a rede à direita do barco e achareis. Assim fizeram e já não podiam puxar a rede, tão grande era a quantidade de peixes. Aquele discípulo a quem Jesus amava disse a Pedro: É o Senhor! Simão Pedro, ouvindo que era o Senhor, cingiu-se com sua veste, porque se havia despido, e lançou-se ao mar; mas os outros discípulos vieram no barquinho puxando a rede com os peixes; porque não estavam distantes da terra senão quase duzentos côvados. Ao saltarem em terra, viram ali umas brasas e, em cima, peixes; e havia também pão. Disse-lhes Jesus: Trazei alguns dos peixes que acabastes de apanhar. Simão Pedro entrou no barco e arrastou a rede para a terra, cheia de cento e cinquenta e três grandes peixes; e, não obstante serem tantos, a rede não se rompeu. Disse-lhes Jesus: Vinde, comei. Nenhum dos discípulos ousava perguntar-lhe: Quem és tu? Porque sabiam que era o Senhor. Veio Jesus, tomou o pão, e lhes deu, e, de igual modo, o peixe. E já era esta a terceira vez que Jesus se manifestava aos discípulos, depois de ressuscitado dentre os mortos – João 21.1-14

A DOIS

- Depois disto, manifestou-se em outra forma a dois deles que estavam de caminho para o campo. E, indo, eles o anunciaram aos demais, mas também a estes dois eles não deram crédito – Marcos 16.12,13

AOS 11, NA GALILEIA

- Então os onze discípulos partiram para a Galileia e foram ao monte que Jesus havia indicado. Quando o viram, o adoraram; alguns deles, porém, duvidaram. Jesus se aproximou deles e disse: "Toda a autoridade no céu e na terra me foi dada. Portanto, vão e façam discípulos de todas as nações, batizando-os em nome do Pai, do Filho e do Espírito Santo. Ensinem esses novos discípulos a obedecerem a todas as ordens que eu lhes dei. E lembrem-se disto: estou sempre com vocês, até o fim dos tempos" – Mateus 28.16-20 (NVT)

EM JERUSALÉM

- Em seguida, disse: "Enquanto ainda estava com vocês, eu lhes falei que devia se cumprir tudo que a lei de Moisés, os profetas e os salmos diziam a meu respeito". Então ele lhes abriu a mente para que entendessem as Escrituras, e disse: "Sim, está escrito que o Cristo haveria de sofrer, morrer e ressuscitar no terceiro dia, e que a mensagem de arrependimento para o perdão dos pecados seria proclamada com a autoridade de seu nome a todas as nações, começando por Jerusalém. Vocês são testemunhas dessas coisas. "Agora, envio a vocês a promessa de meu Pai. Mas fiquem na cidade até que sejam revestidos do poder do céu" – Lucas 24.44-49 (NVT)

- Durante os quarenta dias após seu sofrimento e morte, Jesus apareceu aos apóstolos diversas vezes. Ele lhes apresentou muitas provas claras de que estava vivo e lhes falou do reino de Deus. Certa ocasião, enquanto comia com eles, deu-lhes a seguinte ordem: "Não saiam de Jerusalém até o Pai enviar a promessa, conforme eu lhes disse antes. João batizou com[a] água, mas dentro de poucos dias vocês serão batizados com o Espírito Santo". A ascensão de Jesus Então os que estavam com Jesus lhe perguntaram: "Senhor, será esse o momento em que restaurará o reino a Israel?". Ele respondeu: "O Pai já determinou o tempo e a ocasião para que isso aconteça, e não cabe a vocês saber. Vocês receberão poder quando o Espírito Santo descer sobre vocês, e serão minhas testemunhas em toda parte: em Jerusalém, em toda a Judeia, em Samaria e nos lugares mais distantes da terra" – Atos 1.3-8 (NVT)

TESTEMUNHAS DO TÚMULO VAZIO

Outro fato importante a considerar é que houve testemunhas oculares do túmulo vazio:

A VISITA DAS MULHERES

Os quatro Evangelhos relatam a mesma história acerca das mulheres que encontraram vazio o túmulo de Jesus: Marcos 16.1; Mateus 28.1; Lucas 24.1 e João 20.1.

A VISITA DE PEDRO E O OUTRO DISCÍPULO

Após ouvir o relato das mulheres, Pedro e outro discípulo – possivelmente, João – correram até o túmulo de Jesus e, igualmente, encontram-no vazio (Lc 24.12; Jo 20.3).

Vejamos também algumas referências históricas acerca da morte, sepultamento e ressurreição de Jesus.

TEORIAS SOBRE A RESSURREIÇÃO

Obviamente, a sobrenatural ressurreição de Jesus deixou homens em busca de uma explicação racional, embora nenhuma delas seja razoável. Uma das teorias é que Jesus não morreu, apenas desmaiou de dor na cruz. A ginástica mental necessária para acreditar em tal coisa é imensa: sobreviver à tortura, ao sangramento, à crucificação, à asfixia e, por último, à lança que lhe atravessou o lado é praticamente tão milagroso quanto a ressurreição. Essa teoria é facilmente desmentida, porque se há um consenso sobre o Jesus histórico é que ele morreu. Alguns duvidam de que tenha revivido, mas, de que morreu, não resta dúvida. Se há, portanto, uma certeza histórica acerca de Jesus, é a de que morreu, executado pelo Império Romano, sob a autoridade de Pôncio Pilatos.

Outra teoria é a de que as mulheres teriam se confundido acerca de onde Jesus foi enterrado, criando uma comoção baseada numa confusão. Essa ideia é também facilmente desconstruída, já que todos os Evangelhos sinóticos (Mateus, Marcos e Lucas) registram o mesmo relato: as mulheres estavam presentes no momento do sepultamento, que aconteceu em uma propriedade privada de José de Arimateia (Mt 27.61; Mc 15.47; Lc 23.55). Mateus chega a dizer que estavam *sentadas em frente ao túmulo*.

Por último, há a teoria do corpo furtado. Essa insinua que, depois de roubar o corpo de Jesus, os discípulos teriam criado a história da ressurreição. O que não faz sentido é que, mais tarde, quase todos deram a vida para sustentar aquela "mentira". Tal teoria, inclusive, é denunciada nas Escrituras:

> E, INDO ELAS, EIS QUE ALGUNS DA GUARDA FORAM À CIDADE E CONTARAM AOS PRINCIPAIS SACERDOTES TUDO O QUE SUCEDERA. REUNINDO-SE ELES EM CONSELHO COM OS ANCIÃOS, DERAM *GRANDE SOMA* DE DINHEIRO AOS SOLDADOS, RECOMENDANDO-LHES QUE DISSESSEM: VIERAM DE NOITE

> OS DISCÍPULOS DELE E O ROUBARAM ENQUANTO DORMÍAMOS. CASO ISTO CHEGUE AO CONHECIMENTO DO GOVERNADOR, NÓS O PERSUADIREMOS E VOS POREMOS EM SEGURANÇA. ELES, RECEBENDO O DINHEIRO, FIZERAM COMO ESTAVAM INSTRUÍDOS. ESTA VERSÃO DIVULGOU-SE ENTRE OS JUDEUS ATÉ AO DIA DE HOJE – MATEUS 28.11-15

Essas teorias são refutadas pela maioria de historiadores, cristãos ou não. Por outro lado, ainda que alguns não acreditem na ressurreição, há um consenso: os discípulos criam nela a ponto de morrer por isso. Tendo isso em vista, não faz muito sentido terem criado a história — uma história que, naquele contexto, representava risco às suas vidas. Além disso, quando à beira da morte, poucos têm a capacidade de sustentar uma mentira.[12] Aqueles homens acreditavam seriamente que Cristo ressuscitara dos mortos.

PODEROSA CONSEQUÊNCIA

A ressurreição, o sinal de Jonas, teve uma poderosa consequência na vida dos discípulos. Houve um efeito visível, testemunhado por muitos e registrado nas tradições: transformou aqueles gatinhos assustados em leões. Os apóstolos enfrentaram mortes horríveis por serem incapazes de negar as maravilhas que haviam testemunhado!

Vale retomar o que dissemos no capítulo anterior sobre Tiago, irmão do Senhor. A Bíblia afirma claramente que os irmãos de Jesus, filhos de Maria e José, não criam que Ele era o Cristo (Jo 7.5). Mais tarde, contudo, após a ressurreição, Tiago, um deles, tornou-se um

---

12. STRAUSS, L. Mark. *Four Portraits, One Jesus: A Survey of Jesus and the Gospels*, p. 515.

servo apaixonado, tanto que, em sua epístola, apresentou Jesus como seu soberano Senhor, não apenas como seu irmão mais velho. No fim, também foi morto por crer no Messias ressurreto e pregar sobre Ele.

É interessante notar como a introdução do livro de Atos, que conta a história da primeira igreja, é enfática quanto à legitimidade da ressurreição; isso porque, para os discípulos, Jesus ter ressuscitado não era um assunto nebuloso, e, sim, uma verdade clara como o dia: *Ele lhes apresentou **muitas provas** claras de que estava vivo e lhes falou do reino de Deus* (At 1.3 – NVT). E o que você acaba de ler não foi escrito por um místico, ou um conspirador, mas por um médico, um homem de cultura. Fato é que o evangelho ganhou força, desde os primórdios, porque a mensagem da ressurreição é, realmente, incontestável.

Sendo assim, é fundamental reconhecer que a ressurreição não é uma hipótese; ela certamente aconteceu, o que valida toda a mensagem de Cristo. O sinal de Jonas se cumpriu: Jesus provou sua autoridade, que agora resta incontestável. Aquele que venceu a morte é o Filho de Deus, o Redentor prometido.

Quando anunciamos as boas-novas, devemos fazê-lo com alegria e ousadia por uma razão incrivelmente poderosa: Cristo vive! Ninguém conseguiu nem jamais conseguirá, por si só, vencer a morte como Jesus fez. Não estamos falando de ser ressuscitado por um milagre, porque isso já aconteceu; a questão é *vencer a morte*: se o salário do pecado é a morte, então a morte perde seu poder diante de alguém que não pecou. A morte não foi capaz de conter nosso Senhor! E é precisamente esse o cerne — e o poder — da pregação cristã.

Corajosamente, os discípulos se dispuseram a morrer pelo que ouviram e viram. Nestas linhas, já concluímos que algo transformador que viram e sobre o que ouviram foi a ressurreição. Somando tais informações, chegamos a um resultado prático: nós também precisamos ver e ouvir sobre ela — e é o que estamos fazendo aqui.

A verdade da ressurreição deve descer ao mais profundo de nossos corações, para arrancar qualquer raiz de dúvida, medo ou vergonha quanto à pregação do evangelho. A verdade da ressurreição deve transformar-nos, como fez com os apóstolos, de fugitivos inconstantes em pregadores valentes. Devemos contemplar a verdade da ressurreição até que sejamos empoderados por ela, para pregar e anunciar a autoridade do Cristo ressurreto.

TRÊS

CAPÍTULO 3

UM MÊS E TANTO

Não foi somente a ressurreição que impactou os discípulos, mas também os 40 dias que Jesus passou na Terra depois de ressurreto. Imagine o que viram e ouviram em pouco mais de um mês de discipulado direto com Jesus, ou melhor, com aquela versão atualizada de Jesus! Naquele período, Jesus esteve perto, em situações cotidianas, vivendo com os discípulos. Foi assim que o Jesus ressurreto ensinou seus seguidores e deu-lhes lições importantíssimas acerca da interpretação das Escrituras. Naquelas quatro semanas, Ele estabeleceu e fundamentou sua Igreja.

> Durante os quarenta dias após seu sofrimento e morte, Jesus apareceu aos apóstolos diversas vezes – Atos 1.3 (NVT)

É de ressaltar que, ao longo daquele tempo, Jesus apareceu *diversas vezes* aos discípulos. E não foi como um fantasma, e, sim, em "carne e osso", tanto que foi tocado pelos discípulos, comeu com eles — embora já tivesse um corpo glorificado, capaz de aparecer e desaparecer, por exemplo. Portanto, em muitos daqueles encontros, Ele se dedicou a ensinar. Observe o que aconteceu após a ressurreição, mas antes da ascensão:

> A SEGUIR, JESUS LHES DISSE: SÃO ESTAS AS PALAVRAS QUE EU VOS FALEI, ESTANDO AINDA CONVOSCO: IMPORTAVA SE CUMPRISSE TUDO O QUE DE MIM ESTÁ ESCRITO *NA LEI DE MOISÉS*, NOS *PROFETAS* E NOS *SALMOS*. ENTÃO, *LHES ABRIU O ENTENDIMENTO PARA COMPREENDEREM AS ESCRITURAS*; E LHES DISSE: ASSIM ESTÁ ESCRITO QUE O CRISTO HAVIA DE PADECER E RESSUSCITAR DENTRE OS MORTOS NO TERCEIRO DIA E *QUE EM SEU NOME* SE PREGASSE ARREPENDIMENTO PARA REMISSÃO DE PECADOS A TODAS AS NAÇÕES, COMEÇANDO DE JERUSALÉM. VÓS SOIS TESTEMUNHAS DESTAS COISAS. EIS QUE ENVIO SOBRE VÓS A PROMESSA DE MEU PAI; PERMANECEI, POIS, NA CIDADE, ATÉ QUE DO ALTO SEJAIS REVESTIDOS DE PODER – LUCAS 24.44-49

Perceba que, ao lhes abrir o entendimento, Cristo se revelou: mostrou como as Escrituras falavam Dele e do que haveria de fazer. A Lei de Moisés apontava para Cristo; os profetas apontavam para Cristo; os Salmos apontavam para Cristo. Cristo comissionou sua Igreja (*que em seu nome se pregasse*); então, com base nesse entendimento, todo o Antigo Testamento já apontava para a pessoa de Jesus e a obra de redenção que seria efetuada na cruz. Mais do que isso, o Senhor não só explicou aquilo que fora predito no passado, mas instruiu acerca de como seguir adiante, agora debaixo da luz da nova aliança estabelecida por Ele: em seu nome, deveriam pregar arrependimento a todas as nações, fazendo discípulos e batizando-os.

Creio que Jesus não usaria seus 40 dias restantes na Terra para falar de temas pouco importantes. Com certeza, o fato de ter dedicado tempo a mostrar como as Escrituras sempre falaram Dele mostra que esse é um assunto relevante e útil. Toda a Bíblia aponta para Cristo, e nós precisamos conhecer essa verdade.

Cálculos de estudiosos divergem sobre quantas profecias do Antigo Testamento se cumprem em Jesus de Nazaré, mas as estimativas geralmente variam dentro do intervalo de 200 a 400. Alfred Edersheim, por exemplo, listou 465 profecias que rabinos interpretaram como sendo concernentes ao Messias.[13]

É bom lembrar que, ao longo daqueles 40 dias, os discípulos ouviram não a instrução de um rabino qualquer, mas a palavra explicada pelo próprio Verbo. Não conseguimos precisar a profundidade do ensino a que foram expostos naquele pouco mais de um mês; podemos apenas confirmar que, se foi importante para eles entender o cumprimento das profecias messiânicas em Jesus, é importante também para nós.

Apesar da divergência quanto ao número de profecias cumpridas em Jesus, há consenso sobre algumas. O quadro a seguir reúne parte das mais marcantes, sobre as quais os estudiosos geralmente concordam:

PROFECIAS MESSIÂNICAS CUMPRIDAS EM JESUS [14]

Texto	Profecia(s)	Cumprimento
Gênesis 3.15	Seria homem, filho de mulher. Reconciliaria a humanidade com Deus. Destruiria a serpente, entregando sua vida.	Gálatas 4.4,5; Mateus 1.18; Hebreus 2.14; 1 João 3.8; Mateus 27.35; Lucas 24.39,40
Gênesis 22.18	Descendente de Abraão.	Mateus 11.27; Lucas 3.36
Gênesis 26.1-5	Descendente de Isaque.	Romanos 9.7; Hebreus 11.18; Mateus 1.2
Gênesis 28.13,14	Descendente de Jacó.	Lucas 3.34
Gênesis 49.10	Descendente de Judá.	Mateus 1.2,3

---

13. SCHOFIELD, E. Douglas. *Faith Building Evidence*, p. 324.
14. KONIG, R. *Chart of Old Testament prophecies fulfilled by Jesus*. Disponível em: http://www.about-jesus.org/complete-chart-prophecies-jesus.htm

Texto	Profecia(s)	Cumprimento
Isaías 11.1-10	Descendente de Jessé.	Mateus 1.2,3
Isaías 11.1 (NTLH)	Descendente de Davi.	Mateus 1.1
Daniel 9.25	Viria depois de uma reconstrução de Jerusalém.	Jerusalém havia sido reconstruída após a destruição da Babilônia (Neemias).
Daniel 9.26	Viria antes da destruição de Jerusalém.	A destruição aconteceu em 70 d.C., pelo Império Romano.
Miqueias 5.2	Nasceria em Belém.	Mateus 2.1-5
Isaías 7.13,14	Nasceria de uma virgem.	Lucas 1.35
Isaías 7.14	Seria chamado Emanuel.	Mateus 1.23
Isaías 40.3,4	Teria um precursor.	Mateus 3.1-4
Malaquias 3.1	Um mensageiro prepararia o caminho.	Mateus 11.10
Isaías 61.1,2	Um ministério de cura, libertação e restauração.	Mateus 3.16,17; Lucas 4.18; João 8.31,32; Lucas 4.19
Isaías 9.1,2	Apareceria na Galileia e seria uma luz aos gentios.	Mateus 4.12-17; Lucas 2.28-32
Isaías 35.4-6	Operaria milagres.	Marcos 10.51,52; Marcos 7.32-35; Mateus 11.4,5; Mateus 12.10-13; Mateus 9.32,33
Salmos 78.1,2	Falaria em parábolas.	Mateus 13.3,15
Deuteronômio 18.15-18	Seria um profeta como Moisés.	João 6.14; João 5.45-47; João 8.28,29; Atos 3.23; Hebreus 6.4-6
Isaías 42.2,3	Seria manso e humilde.	Mateus 11.28-30

Texto	Profecia(s)	Cumprimento
Salmos 2.1-12	Seria chamado Filho de Deus.	João 10.30; João 20.27-31
Zacarias 9.9	Entraria em Jerusalém num jumentinho.	Mateus 21.6-9
Salmos 41	Seria traído.	João 13.18
Isaías 53.1-4	Seria rejeitado.	Mateus 27.21-23
Daniel 9.24-26	Quando seria rejeitado.	Mateus 16.21; 21.38-39
Salmos 22.6	Seria desprezado.	Lucas 23.21-23
Isaías 53.7	Seria oprimido. Ficaria em silêncio diante de seus opressores.	Mateus 27.27-31
Salmos 22.7	Seria zombado.	Mateus 27.39
Isaías 50.6,7	Seria cuspido e maltratado.	Mateus 26.67; Mateus 27.30
Salmos 69.4	Seria odiado sem razão.	João 15.25
Salmos 69.8	Seria estranho para seus irmãos.	Lucas 8.20,21
Salmos 22.16	Suas mãos e pés seriam perfurados.	João 19.37; 20.27
Salmos 22.15	Seu sofrimento incluiria sede.	João 19.28
Salmos 22.1	Intercederia por pecadores. Seria desamparado. Clamaria ao Senhor.	Lucas 23.34; Mateus 27.43,46
Salmos 22.8	Zombariam de sua fé.	Mateus 27.43
Salmos 22.17,18	Sua roupa seria tirada, e lançariam sorte sobre ela.	Mateus 27.35; João 19.23

Texto	Profecia(s)	Cumprimento
Isaías 53.4-6	Morreria pelo pecado dos outros.	2 Coríntios 5.21
Isaías 53.8,9	Morreria.	Mateus 27.45-54
Salmos 22.14	Descrição de sua morte.	João 19.34
Zacarias 12.10	Seria perfurado.	João 19.34-37
Daniel 9.24	Traria fim ao pecado.	Gálatas 1.3-5
Isaías 53.9	Seria enterrado no túmulo de um homem rico.	Mateus 27.57-61
Salmos 16.9-11	Não sofreria a decomposição.	Atos 2.31
Zacarias 10.4	Seria pedra angular.	Efésios 2.20
Salmos 118.22-24	A pedra rejeitada seria a pedra angular.	Mateus 21.42,43
Salmos 16.8-10; Jó 19.25-27	Ressuscitaria.	João 5.24-29; 20.9
2 Samuel 7.12-16; Salmos 89; Daniel 7.13,14	Teria um trono eterno na linhagem de Davi.	Lucas 1.32,33; 3.31; Apocalipse 22.16
Isaías 11.10	Seria uma bandeira aos gentios.	João 12.18-21
Isaías 42.1-4,6; Miqueias 5.4	Teria um impacto global e seria uma luz ao mundo todo.	João 12.18-21; Mateus 28.19,20; Lucas 2.32
Isaías 49.6	Traria salvação aos confins da Terra.	O cumprimento está em mim, em você e em milhares de cristãos espalhados pelo planeta. Dos confins da Terra passamos a crer em Cristo.

Observando apenas essa parte das profecias que foram cumpridas em Jesus, não é difícil concluir: a Bíblia é sobre a obra redentora de Deus, realizada em Cristo Jesus. Além das profecias, ainda existem símbolos e figuras em toda a Escritura, que indicam a redenção pelo Cordeiro.

Meditemos um pouco mais na centralidade de Cristo na narrativa bíblica. Tudo foi criado por meio de Cristo e para Ele (Cl 1.16), ou seja, antes de existir qualquer coisa deste mundo, Jesus já estava lá. Em Gênesis 3.15, logo no início da Bíblia, lê-se a primeira profecia messiânica: a semente da mulher pisaria a cabeça da serpente. Em seguida, percebe-se que o Redentor seria descendente de Abraão, de Isaque e de Jacó (Gn 12.3; 17.19; 28.14) e Rei da linhagem de Judá (Gn 49.10). Jesus é simbolizado em Melquisedeque (Gn 14.18). Isaque subiu o monte com a lenha do sacrifício em suas costas, como um dia Jesus subiu o Gólgota com sua cruz. Isaque foi poupado, porque um dia Jesus seria morto (Gn 22). Vemos José preso injustamente, mas, das profundezas, elevado a uma posição de autoridade, à direita do rei; depois de salvar o povo da terra onde vivia como estrangeiro, também salvou seu próprio povo, sua família, trazendo-a à segurança daquele reinado (Gn 37-50).

Moisés foi enviado ao Egito, um lugar de maldição, para crescer lá. Um dia, libertou o povo da maldade e da tirania de Faraó, assim como Cristo esteve entre nós e libertou-nos do império das trevas e da tirania de Satanás (Êx 1-15). Vemos Cristo, também, na morte dos primogênitos, na Páscoa (Êx 11-13). Vemos Cristo na serpente de bronze, um símbolo de maldição, ao qual quem olhava recebia cura (Nm 21). O Evangelho de João explica (Jo 3.14,15): na cruz, Cristo também foi levantado, carregando a maldição do pecado, para que todo aquele que Nele crer não pereça, mas tenha a vida eterna (Jo 3.16).

Seria possível acrescentar neste livro páginas e mais páginas sobre como Jesus é o centro das Escrituras. O principal tema. A convergência da narrativa. Se nós, com entendimento limitado, após pequena observação, somos capazes de enxergar essa centralidade com tanta clareza, repito: eu só posso imaginar o que foi para aqueles discípulos ouvir a exposição bíblica do próprio Jesus! O fruto, inclusive, está nas epístolas do Novo Testamento – o que viram e ouviram naqueles 40 dias resultou em um conteúdo incrível, ao qual temos fácil acesso hoje.

Perdoem-me por ser repetitivo, mas quero, outra vez, pontuar Cristo no Antigo Testamento, agora livro por livro. Por quê? Porque a primeira igreja possuía apenas o Antigo Testamento e, nele, as sombras de bens vindouros. No entanto, foi mediante tais passagens que Cristo se revelou a seus seguidores como o prometido Messias de Deus.

Em Gênesis, já vimos que Ele é a semente da mulher que pisa a cabeça da serpente. Em Êxodo, Ele é o cordeiro de Páscoa. Em Levítico, é o sumo sacerdote, que intercede em favor de seu povo. Em Números, é a serpente de bronze. Em Deuteronômio, Ele se fez maldição por nós.

Em Josué, Ele é o comandante dos exércitos do Senhor. Em Juízes, é Lei e Juiz. Em Rute, é o noivo que resgata a noiva. Nos livros de Samuel, é o profeta-rei-sacerdote com um trono eterno. Nos livros de Reis, Ele é um rei justo e verdadeiro. Em Crônicas, é o templo glorioso. Em Esdras, é tipificado em Zorobabel. Em Neemias, é o reconstrutor do que foi destruído. Em Ester, Ele é o intercessor e o rei que concede graça. Em Jó, Ele é o mediador. Em Salmos, é nosso pastor. Em Provérbios, Ele é a sabedoria à direita do Pai e o arquiteto da criação. Em Cantares, é o noivo apaixonado pela noiva.

Em Isaías, é um servo sofredor. Em Jeremias, um profeta que sofre por seu povo. Em Lamentações, Ele é quem se coloca no caminho da ira de Deus. Em Ezequiel, é o filho do homem. Em Daniel, o quarto homem na fornalha e o filho do homem que vem nas nuvens do céu. Em Oseias, é o noivo com um amor persistente. Em Amós, Ele suporta o fardo. Em Obadias, é forte salvador. Em Jonas, é o Deus que perdoa. Em Miqueias, é o mensageiro cujos pés são admiráveis pelo que suportaram para anunciar a mensagem de esperança. Em Naum, é o vingador. Em Habacuque, um intercessor que aguarda avivamento. Em Sofonias, é o restaurador do remanescente. Em Ageu, a fonte purificadora. Em Zacarias, o filho perfurado, que seria rei e sacerdote e viria a Jerusalém num jumento. Em Malaquias, é o Sol da Justiça.

E foi assim que Cristo se revelou aos seus discípulos. Ele se posicionava naquilo que *está escrito*, dando respaldo à Palavra de

Deus que já vinha sendo anunciada. Gálatas 1.8 nos ensina que, se até mesmo um *anjo* aparecer pregando um evangelho diferente do que nos foi anunciado, que seja anátema, o que levanta uma importante pergunta: quando esse evangelho começou a ser anunciado? Apenas com o Verbo encarnado? Ou a mensagem sobre Cristo já era anunciada desde as primeiras páginas de Gênesis? Sim, Cristo já era a boa-notícia no primeiro livro das Escrituras e continuou sendo depois que cumpriu o que estava escrito a seu respeito.

Deus nunca se contradiz, e a Bíblia é a sua palavra, digna de confiança. O papel central de Cristo nas Escrituras mostra-nos que o Pai tinha um objetivo ao deixar registrada uma grande carta à humanidade: fazer convergir o evangelho em seu Filho.

Então, ao término daqueles 40 dias, tendo manifestado e explicado, de maneira clara, o reino de Deus do qual passara a ser o Rei, Jesus fundou Igreja, deixando-a com uma grande incumbência. Após toda a revelação acerca de si mesmo, seu caráter e sua missão, Ele se despediu dos discípulos com uma ordem de imensurável importância.

Aliás, dizem que as últimas palavras de alguém costumam ser cuidadosamente escolhidas. O que Jesus disse antes de ascender foi, primeiro, a respeito da autoridade que lhe havia sido dada nos céus e na terra, por causa da vitória na cruz. Em segundo lugar, com essa mesma autoridade, Ele comissionou seus discípulos a anunciar as boas-novas a toda criatura, em todas as nações, fazendo discípulos, batizando-os em nome do Pai, do Filho e do Espírito Santo e ensinando-os a cumprir todos os mandamentos de Jesus. No entanto, antes que fossem aos confins da terra, Jesus lhes ordenou que não saíssem de Jerusalém até que fossem cheios do Espírito Santo, o que é completamente indispensável à jornada de propagação do evangelho.

O que os discípulos viram e ouviram? A ressurreição, que os transformou de tímidos em ousados. O que mais? Em um mês, ouviram e viram a exposição do próprio Cristo acerca de si mesmo nas Escrituras, desde Gênesis, em profecias e símbolos do que faria para a redenção da humanidade — já estava escrito. Contudo, eles ainda viram e ouviram mais.

QUATRO

CAPÍTULO 4

FOGO IMPARÁVEL

Finalmente, houve mais uma coisa que sacudiu os discípulos, contribuindo para a transformação de homens que fugiram em homens que permaneceram até o fim: um doce presente. Apesar das incomparáveis maravilhas que aconteceram durante o ministério de Jesus, Ele se despede de seus discípulos com a promessa de que viria algo *melhor*:

> Mas, na verdade, *é melhor para vocês que eu vá*, pois, se eu não for, o Encorajador não virá. Se eu for, eu o enviarei a vocês – João 16.7 (NVT)

O "Encorajador". Esta era a promessa: algo – ou melhor, alguém – que compensaria a ausência de Jesus na Terra. Com efeito, já fazia parte do plano. Depois de Jesus dizer as palavras que hoje conhecemos como a "grande comissão", Ele ordenou que ninguém deixasse Jerusalém sem antes ser cheio do Espírito Santo, por uma razão: essa jornada não é possível sem o Espírito Santo.

Vale lembrar que Jesus havia lançado uma "bomba": faríamos as mesmas coisas que Ele fizera e *coisas ainda maiores*. Eu não sei você, mas a parte "coisas iguais" já me assusta, que dirá "coisas maiores"!

> **DIGO A VERDADE: AQUELE QUE CRÊ EM MIM FARÁ TAMBÉM AS OBRAS QUE TENHO REALIZADO. FARÁ COISAS AINDA MAIORES DO QUE ESTAS, PORQUE EU ESTOU INDO PARA O PAI** – JOÃO.14-12 (NVI)

Jesus não afirmaria nada que não fosse possível, porém, só é possível porque, hoje, podemos andar de mãos dadas com o mesmo Espírito Santo que o conduziu nas ruas de Jerusalém e de toda aquela região, há mais de 2 mil anos. Cristo esteve entre nós na condição de homem, mesmo sendo Deus. Ele se esvaziou de sua glória e poder, e nada do que fez foi por si só. Em seu ministério terreno, Jesus foi conduzido pelo Espírito Santo:

> **EM SEGUIDA, JESUS FOI *CONDUZIDO PELO ESPÍRITO* AO DESERTO PARA SER TENTADO PELO DIABO** – MATEUS 4.1 (NVT)

Sim, nós podemos fazer as mesmas coisas, e o motivo tem nome: Espírito Santo. Andamos com o mesmo Espírito que capacitou Jesus, e isso não é pouca coisa:

> **DEUS UNGIU A JESUS DE NAZARÉ COM O ESPÍRITO SANTO E COM PODER. JESUS ANDOU POR TODA PARTE FAZENDO O BEM E CURANDO TODOS OS OPRIMIDOS DO DIABO, PORQUE DEUS ESTAVA COM ELE** – ATOS 10.38 (NAA)

Jesus afirmou que não houve nenhum nascido de mulher maior do que João Batista, mas o menor no reino de Deus é maior do que ele. Por quê? O que distinguia João dos demais não eram suas realizações, e, sim, o fato de ter sido cheio do Espírito desde o ventre de sua mãe. Contudo, após João, com a obra da cruz concluída e o Cristo retornando à glória, chegou o tempo dos nascidos do

Espírito — estes são maiores. Antes, não havia novo nascimento e o Espírito Santo não habitava os homens; apenas vinha sobre eles em determinados momentos. Percebeu a incrível mudança?

Jesus falou sério quando disse que era melhor que partisse, para o Espírito poder vir. O fato é que o Espírito Santo faz toda a diferença.

Se analisarmos o que a Bíblia diz acerca dos discípulos, fica implícito que mantinham ocupações comuns e eram jovens. Em Atos, na passagem que deu início a este livro, os fariseus afirmam que os discípulos de Jesus, apesar de não terem tido educação formal, eram cheios de ousadia — nenhum parece ter recebido educação rabínica, pelo menos não formalmente.

Em Mateus 17.24-27, é cobrado do grupo de Jesus o imposto do templo, estabelecido para homens de guerra, de 20 anos para cima (Êx 30.11-13). Aparentemente, dos 12 que caminharam com Jesus, apenas dois foram cobrados: Jesus e Pedro; ou seja, os demais deviam ter menos de 20 anos.

Na cultura judaica, era comum um rabino chamar seus discípulos para segui-lo ainda muito novos. Quando Jesus chamou Tiago e João, eles pescavam com seu pai, o que naquele contexto significava que não tinham idade para exercer o ofício sozinhos. Mais uma vez, denota-se que eram muito novos.

A tradição diz que João, o discípulo a quem Jesus amava, começou a seguir o Mestre com idade entre 14 e 16 anos – a conta é feita tendo em vista a idade com que foi exilado na ilha de Patmos. Sendo assim, quando Jesus foi assunto aos céus, deixando João para trás, ele poderia ter entre 17 e 19 anos. Não podemos afirmar com certeza, mas é muito provável que assim fosse.

Imagine a cena: Jesus confiando o futuro da Igreja nas mãos de uns jovenzinhos! Aliás, não deveríamos ficar surpresos, porque Ele ainda confia o futuro de sua Igreja na mão de jovens. Que fique claro: Jesus não pareceu preocupado em fazer isso, e a razão é que Ele não os estava deixando desacompanhados! Cristo havia delegado uma grande missão a jovens de ocupações comuns, mas não sem os capacitar para o cumprimento: Ele os encheu com o poder do Espírito Santo.

Tal qual Jesus, desde o Antigo Testamento, o Espírito Santo era uma promessa. Ele seria um guia morando dentro de nós e capacitando-nos a viver conforme o desejo de Deus para nossas vidas: *Porei dentro de vós o meu Espírito e farei que andeis nos meus estatutos, guardeis os meus juízos e os observeis* (Ez 36.27).

Sobre a necessária caminhada de obediência, note como Jesus chamou seus discípulos:

> **VOCÊS RECEBERÃO PODER QUANDO O ESPÍRITO SANTO DESCER SOBRE VOCÊS, E *SERÃO* MINHAS TESTEMUNHAS EM TODA PARTE: EM JERUSALÉM, EM TODA A JUDEIA, EM SAMARIA E NOS LUGARES MAIS DISTANTES DA TERRA** – ATOS 1.8 (NVT)

Ser uma testemunha é diferente de apenas dar um testemunho. Dar testemunho está relacionado ao que você diz, mas não foi somente isso que Jesus nos chamou a fazer. Se fosse esse o caso, precisaríamos apenas memorizar um *script* para contar às pessoas o que Jesus fez. Nosso chamado é outro: *ser* uma testemunha das boas-novas. Somos convocados a ser demonstrações vivas do evangelho de Jesus, ou seja, tudo o que somos e fazemos deve apontar para a obra de Cristo.

É justamente por isto que o auxílio e a capacitação do Espírito Santo são indispensáveis: para que possamos ser testemunhas eficientes, em tempo integral. Perceba que a própria passagem de Atos 1.8, acerca da grande comissão, atesta que a ideia de testemunhar de Cristo está diretamente conectada com o trabalho do Espírito Santo. Conclui-se, portanto, que não seja possível sem Ele.

Caminhar com o Espírito Santo não é apenas a possibilidade de viver um turbilhão de milagres exuberantes, mas algo que acontece com singeleza e beleza indescritível todos os dias. Eu consigo pensar em poucas coisas tão escandalosas como o fato de que, hoje de manhã, quando acordei, *Deus estava no meu quarto*.

Muitos de nós nos acostumamos com verdades estrondosas, a ponto de atravessarmos o cotidiano sem nem as perceber. Ficamos habituados demais com revelações que deveriam mudar nossa atitude a cada dia. Diferentemente dos dias da antiga aliança, já não entramos e saímos na presença de Deus: nós o temos dentro de nós, pelo Espírito Santo. Não vamos a lugar algum sem a presença do Senhor!

Eu fico realmente empolgado com o fato de que tenho o próprio Deus morando dentro de mim e, como lemos em Ezequiel 36.27, milagrosamente me ajudando a cumprir seus mandamentos, a andar em santidade, a manifestar o fruto do Espírito. Essas coisas, por si só, já são perturbadoras o suficiente para despertar nossos corações a compartilhar as boas-novas do evangelho.

Pense nisto: *Mas o Espírito produz este fruto: amor, alegria, paz, paciência, amabilidade, bondade, fidelidade, mansidão e domínio próprio* (Gl 5.22,23 – NVT). Você já conheceu alguém que caminha de maneira exemplar em todo o fruto do Espírito? São pessoas que nos constrangem, pois parecem andar na contramão do restante do mundo. Um exemplo: o mundo desconhece a verdadeira paz e a verdadeira alegria, que não dependem das inconstantes circunstâncias da vida, mas são sólidas, ancoradas em Deus – que é constante; como o mundo, então, pode ver e ouvir a respeito delas? Quando me vir sendo testemunha, transbordando dessas partes do fruto do Espírito.

Não é só falar em línguas. Ser cheio do Espírito Santo deveria tornar-me um marido mais amoroso, um pai mais paciente, um trabalhador mais dedicado, um estudante mais determinado. Todas essas atitudes vão, de certa maneira, surpreender e evangelizar o mundo — estou *sendo* uma testemunha, e não apenas dando testemunho. E esse fruto do Espírito não é obtido por outros meios, a não ser o próprio Espírito. Somente caminhando assim, no Espírito, poderemos ser testemunhas eficazes — com ou sem palavras.

Você já conheceu um professor apaixonado pela matéria que leciona? Mesmo se você não aprecia a disciplina, acaba gostando da aula por causa da empolgação do professor. Algumas pessoas, ainda que estejam atuando no campo das ciências humanas, muito tempo depois de terem aprendido equações de segundo grau, são capazes de recitar de cor a fórmula de Bhaskara, porque tiveram um professor de Matemática legal, que a ensinou de modo a torná-la inesquecível.

Agora, você já teve um professor que era o oposto: alguém que detestava ensinar e, com certeza, arrependeu-se da escolha profissional que fez? Se sim, provavelmente você teve dificuldades para ficar acordado nas aulas desse professor.

O que os difere? Um é apaixonado pelo que está comunicando; o outro, não. Se nossa postura pode ter um efeito tão grande na área da educação, imagine quando testemunhamos o evangelho.

Algumas pessoas querem falar de Jesus a seus amigos, mas, paradoxalmente, vivem tristes, amarguradas com a vida, perdendo a paciência e estourando com todos ao redor. Essa atitude não é condizente com as Escrituras. Não podemos testemunhar sobre Cristo em nossos próprios termos, porque, na verdade, o termo divino foi definido na grande comissão: precisamos ser conduzidos pelo Espírito Santo para, assim, sermos testemunhas — as testemunhas com quem Jesus contava e conta ainda hoje.

Quero trilhar um caminho rápido, para mostrar que o testemunho e a pregação impactantes, como a do professor apaixonado, existem, mas o segredo está no Espírito Santo. Fomos chamados a fazer tudo como se fosse ao Senhor, e não a homens, bem como somos chamados a amá-lo de todo o coração, alma e força, porque não há mandamento maior que esse. Portanto, não devemos ser testemunhas e anunciar as boas-novas se não o fizermos de todo o coração e com a motivação correta: porque o amamos.

Mas nós o amamos, porque Ele nos amou primeiro (1Jo 4.19), isso significa que nosso amor a Ele é uma resposta ao amor Dele por nós. E você sabe como conhecemos o amor divino? Pelo Espírito Santo: *sabemos quanto Deus nos ama, uma vez que ele nos deu o Espírito Santo para nos encher o coração com seu amor* (Rm 5.5 – NVT).

Vamos ligar os pontos. É o Espírito Santo que nos ensina e conduz a, primordialmente, amar o Senhor. Então, porque o amamos, nós nos relacionamos com Ele em obediência, tendo o Espírito como o guia profetizado por Ezequiel. Assim, ficamos cada vez mais parecidos com Jesus; isso quer dizer que nossas atitudes correspondem ao fruto do Espírito. Qual é o resultado? Nossa vida se torna um testemunho cheio de poder e autoridade.

O que você acha que vale mais: ter conteúdo para falar por horas sobre Jesus ou exalar o cheiro Dele, transbordando quem Ele é, sem precisar dizer nenhuma palavra? Enquanto amamos e obedecemos a Jesus, guiados pelo Espírito Santo, estamos nos tornando impactantes ao mundo. Você entende que não é pouca coisa o fato de o Espírito Santo habitar em nós?

> **VOCÊS NÃO ENTENDEM QUE SÃO O TEMPLO DE DEUS E QUE O ESPÍRITO DE DEUS HABITA EM VOCÊS?** –1 CORÍNTIOS 3.16 (NVT)

"O homem foi criado com um buraco do tamanho de Deus dentro de si." Ainda garoto, escutei essa frase, e creio que ela traduz bem a verdade bíblica de que só Deus pode nos satisfazer, pois fomos feitos para Ele. A vida eterna consiste em conhecer a Cristo (Jo 17.3); Ele é a vida. Essa satisfação de ter o buraco preenchido e viver a verdadeira vida que é Cristo é possível com a habitação do Espírito Santo em nós.

Contudo, mencionei anteriormente que, muitas vezes, perdemos a consciência da presença poderosa do Espírito em nosso interior. Tudo é tão natural neste mundo visível, que o espiritual, por ser invisível, é relegado a segundo plano. O problema é que a vida apenas natural é medíocre; deixamos de usufruir daquilo que, além de nos satisfazer plenamente, também nos capacita a participar do plano de Deus de propagar as boas-novas a partir do testemunho de nossas vidas. Mas, calma, não perca as esperanças, porque há como despertar essa consciência — ou melhor, incendiá-la.

DEPENDÊNCIA DO ESPÍRITO SANTO

Imagine que alguém coloque um carvão em brasas na mão de um bebê. Só de imaginar a cena já é ruim! Por quê? Porque sabemos que a mão delicada de um bebê não foi feita para suportar temperaturas tais como a de um carvão abrasado. O que acontece quando você conecta um rádio com a voltagem de 110V numa tomada 220V? Um *show* de luzes. Por quê? Porque o rádio de 110V não foi feito para suportar uma carga elétrica de 220V. Igualmente, o que aconteceria se tentássemos colocar o Sol na Terra? Outro *show* de luzes, muito mais tenebroso. Por quê? Porque, obviamente, a Terra não foi feita para suportar a massa, a energia e a temperatura do Sol.

Agora me explique: como o Deus, que criou tanto o Sol quanto o bebê que cresceu e se tornou o engenheiro criador do rádio de voltagem 110V, mora dentro de nós, e ainda estamos bem? Porque, diferentemente de todos os exemplos citados, fomos feitos para comportar Deus dentro de nós. Esse sempre foi o desejo do Senhor, expresso desde a eternidade.

A conclusão é contundente: Ele está dentro de nós, portanto, tudo que o Senhor comissionou, prometeu e planejou em nós e por nós é possível. Por causa do poderoso fogo que habita em nós — o Encorajador —, nós podemos ser as testemunhas que Jesus convocou para levar o evangelho adiante; somos capazes de fazer as obras que Ele fez e obras ainda maiores, e podemos ser testemunhas vivas que pregam o evangelho, tanto com atitudes quanto com palavras.

Agora é hora de uma sentença libertadora: não complique. Andar no Espírito, tendo consciência do poder avassalador que carregamos e usufruindo dele, não é viver um filme de Steven Spielberg todos os dias — não se trata de sair por aí liberando raios e trovões, fazendo chover canivete e transformando água em suco de laranja orgânico e sem conservantes. Os dias extraordinários existem, sim; mas, no intervalo, nós viveremos muitos dias ordinários com Ele, com a sua companhia, com a sua direção.

Antes de seguir, é necessário diferenciar o fato de ter o Espírito Santo em meu interior de ser cheio do Espírito Santo. Quando creio e confesso Jesus como meu Senhor, eu recebo o Espírito Santo em meu espírito, na poderosa obra do novo nascimento. Contudo, tê-lo dentro de mim não significa que estou vivendo uma vida cheia Dele. A diferença é o que estamos falando neste capítulo: temos de ter consciência da presença do Espírito Santo e interagir com ela, não apenas sendo transformados por Ele à semelhança de Cristo, mas nos permitindo ser usados como seus instrumentos na Terra, evangelizando mediante seu poder. Ele pode estar dentro de nós, mas completamente bloqueado de sair; ao invés de um rio de águas vivas fluindo de nosso interior, conservamos uma represa.

Outro fator a considerar é o batismo com o Espírito Santo. No Pentecostes, os discípulos foram cheios do Espírito Santo, e a evidência foi que falaram novas línguas. Em seguida, começaram a testemunhar com ousadia e autoridade. Há uma porção de capacitação para testemunhar que é relacionada a esse evento do batismo com o Espírito Santo na vida do crente, que nem sempre acontece junto com a conversão. A outra porção, porém, tem a ver com o que foi dito no parágrafo anterior sobre andar no Espírito; trata-se de um estilo de vida de dependência Dele, e é sobre isso que vamos falar agora.

Observe como o Espírito Santo se manifesta no cotidiano:

> **UMA VOZ ATRÁS DE VOCÊS DIRÁ: "ESTE É O CAMINHO PELO QUAL DEVEM ANDAR", QUER SE VOLTEM PARA A DIREITA, QUER PARA A ESQUERDA** – ISAÍAS 30.21 (NVT)

A liderança do Espírito Santo é doce, é gentil. Ele nos conduz como uma voz que sussurra atrás de nós. Muitas vezes, desejamos que Ele seja uma grande coluna de fogo à nossa frente, uma seta gigantesca apontando o caminho, mas a verdade é que, na maior parte do tempo, Ele se manifesta como uma voz que sussurra por detrás.

Você já teve a experiência de conduzir um veículo, com um passageiro no banco de trás dando instruções acerca do endereço? Você não pode simplesmente acelerar e deixar de prestar atenção à voz de quem sabe o caminho. Ao mesmo tempo, não pode parar de dirigir e ficar olhando para trás. É preciso dirigir olhando adiante, mas com sensibilidade e atenção à voz de orientação que vem da retaguarda.

Assim é o mover do Espírito. Ele não nos arrastará brutalmente nem assumirá o controle do volante. É necessária uma parceria nossa com o Espírito Santo. Ainda teremos de tomar decisões, ainda continuaremos humanos, a diferença é que o Espírito de Deus está viajando conosco — do lado de dentro! Ele nos conduzirá, com doçura e gentileza, pelo caminho que devemos seguir, dia após dia, o trilho que nos tornará mais parecidos com Jesus. Da mesma forma, Ele será o guia para os dias de sinais e maravilhas, milagres e curas.

Viver com o Espírito Santo no cotidiano, aprendendo a reconhecer sua voz e suas direções, deve ser a vida normal de todo cristão. O poder está na constância da vida com Ele, e não apenas em poucos momentos explosivos. Pense no fogo do altar, que não podia se apagar (Lv 6.13). Para ter fogo todo dia, é necessário alimentá-lo diariamente. Se, no dia a dia, aprendemos a ter consciência do Espírito Santo e cooperamos com Ele, o fogo estará lá, tanto para aquecer a nós mesmos quanto para incendiar o mundo.

> **MAS EU ENVIAREI A VOCÊS O ENCORAJADOR, O ESPÍRITO DA VERDADE. ELE VIRÁ DO PAI E TESTEMUNHARÁ A MEU RESPEITO. E VOCÊS TAMBÉM DEVEM TESTEMUNHAR A MEU RESPEITO, PORQUE ESTÃO COMIGO DESDE O INÍCIO** – JOÃO 15.26,27 (NVT)

Neste ponto, é necessário retomar o compromisso de sermos testemunhas, no poder do Espírito Santo. Já vimos que isso é possível, como foi para os discípulos. Aqueles jovens eram tão incapazes sem o Espírito quanto nós o somos. O contrário é verdadeiro: para provar a extensão do que é possível fazer sendo cheios do Espírito Santo, basta ler o livro de Atos.

Em Atos 4, por exemplo, a Bíblia enfatiza que Pedro e João agiram com ousadia e *cheios do Espírito Santo*. Vemos uma vez, e outra, e de novo e de novo, a maneira como os apóstolos eram conduzidos pelo Espírito, nas mais diversas situações. Por trás de cada cura, cada palavra de revelação, cada novo convertido alcançado, cada decisão necessária, por trás de tudo que acontece em Atos encontra-se a obra do Espírito Santo.

Durante seus três anos de ministério, Jesus preparou os seus discípulos para o novo tempo que viria, e esse tempo seria de dependência do Espírito: *Mas quando o Pai enviar o Encorajador, o Espírito Santo, como meu representante, ele lhes ensinará todas as coisas e os fará lembrar tudo que eu lhes disse* (Jo 14.26 – NVT). O Espírito ensinaria e faria lembrar as ordenanças de Jesus, o que de fato aconteceu com os apóstolos e acontece conosco. Ele nos lembra da verdade para que possamos obedecer-lhe e viver tudo que o Senhor deseja.

E Ele deseja a pregação do evangelho. Reforço o que já foi dito: a maior pregação é a vida transformada, espelho de Cristo. Contudo, o evangelismo com palavras também precisa existir. A vida de obediência que o Espírito Santo nos capacita a viver respalda nossas palavras de anunciação do evangelho. Para sermos essas testemunhas, tanto com a vida quanto com palavras, dependemos do auxílio do Espírito Santo, que é quem testifica a mensagem dentro de nós (Rm 8.16).

Recordo-me de uma ocasião em que estava evangelizando no centro de Kansas City, cidade onde morei enquanto frequentava a universidade da International House of Prayer. Nós estávamos em um grupo de evangelismo que ia toda semana àquele local — eu constantemente me engajava em longas conversas com quem queria ouvir mais sobre Jesus.

Eu sempre fui apaixonado pela *big picture*, a visão do todo, o panorama, a maneira como tudo se encaixa; consequentemente, minhas conversas costumam fluir sob essa perspectiva. Muitas vezes, ao anunciar o evangelho, eu falei de química, física, biologia. Na minha cabeça, estava fazendo uma apresentação maravilhosa — até aquele dia, no centro de Kansas City.

Depois de falar das boas-novas a um rapaz por quase meia hora, utilizando todos os recursos que considerava incríveis, eu me despedi feliz, apesar de que o homem ainda não tivesse aceitado Jesus. Na mesma hora, ouvi o sussurro do Espírito Santo:

— Você me deixou completamente de fora disso.

Tomei um susto.

— Como assim? Eu estava falando sobre você!, respondi.

— Você falou sobre mim, mas me deixou de fora. Não de fora do conteúdo, mas de fora da maneira como compartilhou a mensagem... Você apelou ao intelecto daquele homem, mas não pregou ao espírito dele.

Então, o Espírito me trouxe à mente a porção da Escritura que diz: *A mensagem da cruz é loucura para os que se encaminham para a destruição, mas para nós que estamos sendo salvos ela é o poder de Deus* (1Co 1.18 – NVT). Naquele dia, fui desafiado a começar a pregar a loucura do evangelho, do jeito Dele.

Em vez de fazer uma construção intelectualmente impecável, eu simplesmente passei a falar do evangelho de maneira simples, quase infantil. Os resultados me surpreenderam, não pelo método de comunicação, mas por ter dado espaço ao Espírito Santo. Até hoje, mantenho o hábito de abordar pessoas com uma pergunta simples: "Você já ouviu as boas-novas?"

É claro que acredito na apologética. Creio que os fatos e a racionalidade na exposição deles fortalecem a defesa do evangelho. Não sou, de modo algum, contra uma orientação racional sobre o Senhor, porque ela é importante e tem seu espaço. Inclusive, continuo utilizando os antigos argumentos físicos e químicos em conversas evangelísticas, apenas não faço mais deles o centro de minha abordagem, pelo menos não até entender que é isso que o Espírito Santo deseja.

Não deixa de ser verdade também que a pregação não é meramente intelectual, mas, também — e principalmente —, espiritual. Uma criança pode anunciar o evangelho a um cientista com todo o poder de Deus. Estudar a fundo o que concerne à autenticidade do evangelho é enriquecedor, mas não é tudo. O conhecimento é como uma estrutura reforçada de uma ponte, mas a ponte é a fé, sem a qual é impossível agradar a Deus. Podemos explicar o que for acerca de Jesus; no fim do dia, ainda é preciso que a fé do ouvinte seja despertada, para que ele creia que o Deus-Homem se encarnou na Terra mediante um nascimento virginal para efetuar a redenção. Quem é capaz de gerar esse convencimento? O Espírito Santo (Jo 16.8-11). Nossas palavras podem ser um bom veículo para a obra do Espírito, se aprendermos a ser sensíveis às suas direções — e esse aprendizado é progressivo.

Espero que tenha conseguido demonstrar que esse fogo imparável do Espírito Santo é alimentado por nossa dependência diária Dele, seja para viver uma vida de obediência, seja para ser conduzido na pregação do evangelho; seja para o que for. O Espírito Santo é o fogo que nos forja, dia após dia, como testemunhas do evangelho — dependemos Dele, e sempre foi o seu plano que dependêssemos.

Toda a obra da cruz culmina na grande chegada do tempo de dependência do Espírito Santo, o tempo de o Espírito Santo não apenas vindo sobre nós esporadicamente, mas habitando o nosso espírito e manifestando-se tanto em dias ordinários quanto em experiências extraordinárias. Sem essa vida no Espírito, corremos um sério risco: em vez de obter satisfação por ter cumprido a vontade do

Pai, alcançar apenas frustração e cansaço por tentar ser testemunha do evangelho na força de nosso próprio braço.

Sei que busquei simplificar a vida no Espírito, e foi intencional, porque é para todos. Ser cheio do Espírito não é coisa para super crente, e, sim, para todo crente. Por outro lado, não quero apagar nenhuma expectativa quanto ao sobrenatural, porque Ele continua sendo o mesmo Deus de sinais e maravilhas que a Bíblia descreve. Enquanto construímos um relacionamento de intimidade e dependência em relação a Ele no cotidiano, de forma constante, está sendo construída e solidificada uma plataforma sobre a qual Ele poderá operar o extraordinário. Contudo, o contrário não é verdadeiro: não é a partir do extraordinário que se constrói intimidade com o Espírito Santo, mas, sim, da constância em dias ordinários.

Portanto, comece muito próximo Dele no dia a dia, perguntando sua vontade nas mínimas coisas e esperando a resposta. Busque o convencimento que Ele é capaz de operar. Permita-se ser mexido e transformado por Ele no caráter. Comece a notar seus sussurros no banco de trás. Deixe-se ser usado por Ele como veículo da mensagem do evangelho onde estiver. Experimente do poder Dele em seus momentos de oração. Tudo isso despertará sua consciência da presença Dele, até que uma bela amizade cresça e amadureça.

Entre Lucas 14 e Atos 4, os apóstolos de Jesus foram transformados de fujões em valentes pregadores, e você leu nestes quatro primeiros capítulos quais foram os motivos. Eles viram Jesus ressuscitado, gastaram um mês e tanto aprendendo sobre como a Escritura já apontava para aquele momento. Foram comissionados debaixo da autoridade de Cristo a testemunhar as boas-novas e a fazer discípulos em todos os lugares. E, por último, foram cheios do Espírito Santo, para serem capazes de caminhar na nova aliança e corresponder ao chamado de levar o evangelho adiante. Ressurreição, Cristo nas Escrituras, grande comissão, enchimento do Espírito Santo — foi isso que eles viram e ouviram! Não é de surpreender que aqueles homens estivessem dispostos a morrer pela pregação das boas-novas — essas verdades os marcaram profundamente.

Em uma aplicação prática, o que devemos fazer como seguidores de Jesus hoje é crer em sua ressurreição, mesmo não tendo tomado um café da manhã com o Jesus ressuscitado: *Felizes são aqueles que creem ser ver* (Jo 20.29 – NVT). Também temos de reconhecer que estamos debaixo de fundamentos bíblicos, bem cientes da grande comissão, que é uma incumbência inegociável à Igreja, que somos nós. Finalmente, somos (ou podemos ser, caso ainda não sejamos) cheios do Espírito Santo e capacitados por Ele para continuar a propagação do evangelho. Ou seja, temos tudo de que precisamos para ser valentes testemunhas como Pedro, João e todos aqueles discípulos. Que sejamos tão impactados quanto eles por essas verdades!

O que será exposto a seguir é a combinação desses fatores com a determinação de obedecer ao Senhor, não importando o custo. Para isso, remontaremos a trajetória das boas-novas até hoje: como o evangelho chegou a nós, a que preço e por que é importante conhecer essa história.

CINCO

CAPÍTULO 5

DE LESTE A OESTE

Por causa da disposição dos apóstolos de obedecer à grande comissão, as boas-novas começaram a espalhar-se por Jerusalém, Judeia, Samaria, Grécia, Europa e Ásia.

É importante que nós, cristãos contemporâneos, entendamos que não estamos desconectados dos acontecimentos antigos apenas porque a posição na linha do tempo é diferente. Na verdade, é o oposto: estamos diretamente conectados ao movimento que o próprio Jesus fundou e esclareceu em detalhes nos 40 dias após sua morte e ressurreição. O crente de hoje não faz parte apenas de um grupo de pessoas que se reúnem periodicamente, de forma presencial ou online; o crente de hoje também faz parte e deve participar da mesma missão que foi entregue aos primeiros crentes pelo próprio Cristo, o autor e consumador da nossa fé. Nós somos sua Igreja.

Jesus anunciou o Reino a seus discípulos. Eles, por sua vez, anunciaram a novos discípulos, que também fizeram o mesmo. Assim, em uma sequência lógica e incrivelmente abrangente, a mensagem das boas-novas se espalhou de Leste a Oeste como fogo em capim seco, de maneira que nenhuma oposição pôde parar a propagação do evangelho de Jesus Cristo. Hoje, cá estamos nós, mais de 2 mil anos após a estadia de Cristo na Terra, tendo sido alcançados pelo *privilégio* de conhecer as boas-novas, mas não isentos da *responsabilidade* de passar essa mensagem adiante.

Gostaria de passear com você pela história da Igreja de maneira resumida. Mais uma vez, o objetivo é conduzir ao quadro maior. Estudar o assunto de forma mais profunda mostrará incontáveis e belos detalhes acerca do evangelho que tem se espalhado pelo mundo, por isso aconselho com veemência que o faça. No entanto, nestas páginas, daremos foco à trajetória, no sentido de reconhecer uma parte de por onde "a bola passou".

Naturalmente, partimos de Jerusalém, onde tudo começou. Os primeiros oito capítulos de Atos contam eventos ocorridos na Igreja recém-estabelecida naquela cidade. O próprio livro é, na verdade, o epílogo do Evangelho de Lucas, escrito como uma só obra (em dois volumes), que relata os resultados da caminhada de Jesus aqui na Terra. Naquele tempo, os recém-convertidos não imaginavam que estavam começando uma nova religião, deixando para trás o judaísmo, fator que o historiador Justo Gonzales descreveu com precisão em seu livro *A História Ilustrada do Cristianismo*:

> OS PRIMEIROS CRISTÃOS NÃO CRIAM QUE PERTENCIAM A UMA NOVA RELIGIÃO. ELES ERAM JUDEUS, E A PRINCIPAL DIFERENÇA QUE OS SEPARAVA DO RESTANTE DO JUDAÍSMO ERA QUE CRIAM QUE O MESSIAS TINHA VINDO, ENQUANTO OS DEMAIS JUDEUS AINDA AGUARDAVAM O SEU ADVENTO. SUA MENSAGEM AOS JUDEUS NÃO ERA, PORTANTO, QUE TINHAM DE DEIXAR DE SER JUDEUS, MAS, AO CONTRÁRIO, AGORA A IDADE MESSIÂNICA HAVIA SIDO INAUGURADA E, DESSA FORMA, DEVIAM SER MELHORES JUDEUS. DE IGUAL MODO, A PRIMEIRA PREGAÇÃO AOS GENTIOS NÃO FOI UM CONVITE PARA ACEITAR UMA NOVA RELIGIÃO RECÉM-CRIADA,

> MAS FOI O CONVITE DE FAZER-SE PARTICIPANTE DAS PROMESSAS FEITAS A ABRAÃO E SUA DESCENDÊNCIA.[15]

Apesar de os cristãos de Jerusalém compreenderem a nova aliança como o cumprimento da promessa feita a Abraão, os judeus que os observavam não entendiam assim — enxergavam os novos cristãos como uma seita. Notamos, em Atos, o crescimento acelerado da Igreja em Jerusalém e, com isso, a forte oposição dos fariseus. No capítulo quatro, quando Pedro e João são presos pela primeira vez, ouvimos que a Igreja já havia alcançado 5 mil membros – número altíssimo em qualquer cidade do mundo de hoje.

Qual era a população de Jerusalém? As estimativas variam consideravelmente, mas um número conservador é defendido por Dr. Magen Broshi, historiador e arqueólogo israelita que dedicou a maior parte de sua vida a estudar e cuidar dos pergaminhos do mar Morto: ele estimou que a população de Jerusalém, em 70 a.C., era de aproximadamente 80 mil pessoas.[16] Isso significa que, nos primeiros capítulos de Atos, a igreja possivelmente correspondia a 6,25% da população local. Com o crescimento explosivo e os testemunhos se espalhando pelas ruas, os líderes religiosos ficaram incomodados:

> QUE FAREMOS COM ESTES HOMENS? POIS, NA VERDADE, É MANIFESTO A TODOS OS HABITANTES DE JERUSALÉM QUE UM SINAL NOTÓRIO FOI FEITO POR ELES, E NÃO O PODEMOS NEGAR; MAS, PARA QUE NÃO HAJA MAIOR DIVULGAÇÃO ENTRE O POVO, AMEACEMO-LOS PARA NÃO MAIS FALAREM NESTE NOME A QUEM QUER QUE SEJA – ATOS 4.16,17

---

15. GONZALEZ, L. Justo. *História Ilustrada do Cristianismo, Vol. 1: A Era dos Mártires até A Era dos Sonhos Frustrados*, p. 38.
16. BROSHI, Magen. *Biblical Archeological Review*, Volume 4, Number 2, p. 10.

A Igreja seguia vivendo maravilhas em Jerusalém, e o ódio do Sinédrio só crescia. Eles, que eram homens de renome e "cheios de classe", detestavam o fato de que pessoas sem ensino formal anunciavam verdades profundas e, ainda, o faziam respaldados por sinais e maravilhas.

No sexto e no sétimo capítulo de Atos, encontra-se a história de Estêvão, que amou Jesus mais que a própria vida. Ele não somente viveu como uma testemunha exemplar, como também foi homem cheio de fé e do Espírito Santo (At 6.5). A Bíblia também atesta que, cheio de graça e poder, operava grandes sinais e maravilhas no meio do povo (At 6.8). Um dia, Estêvão foi levado ao Sinédrio, para um interrogatório:

> LEVANTARAM-SE, PORÉM, ALGUNS DOS QUE ERAM DA SINAGOGA CHAMADA DOS LIBERTOS, DOS CIRENEUS, DOS ALEXANDRINOS E DOS DA CILÍCIA E ÁSIA, E DISCUTIAM COM ESTÊVÃO; E NÃO PODIAM RESISTIR À SABEDORIA E AO ESPÍRITO, PELO QUAL ELE FALAVA. ENTÃO, SUBORNARAM HOMENS QUE DISSESSEM: TEMOS OUVIDO ESTE HOMEM PROFERIR BLASFÊMIAS CONTRA MOISÉS E CONTRA DEUS. SUBLEVARAM O POVO, OS ANCIÃOS E OS ESCRIBAS E, INVESTINDO, O ARREBATARAM, LEVANDO-O AO SINÉDRIO. APRESENTARAM TESTEMUNHAS FALSAS, QUE DEPUSERAM: ESTE HOMEM NÃO CESSA DE FALAR CONTRA O LUGAR SANTO E CONTRA A LEI; PORQUE O TEMOS OUVIDO DIZER QUE ESSE JESUS, O NAZARENO, DESTRUIRÁ ESTE LUGAR E MUDARÁ OS COSTUMES QUE MOISÉS NOS DEU. TODOS OS QUE ESTAVAM ASSENTADOS NO SINÉDRIO,

> **FITANDO OS OLHOS EM ESTÊVÃO, VIRAM O SEU ROSTO COMO SE FOSSE ROSTO DE ANJO** – ATOS 6.9-15

Percebemos que, desde antes do julgamento, a morte de Estêvão já estava decidida, pois haviam levantado testemunhas falsas. Eles agiram com o evangelista da mesma maneira traiçoeira que procederam em relação a Jesus: com mentiras e perversidade. À semelhança de Jesus, Estêvão, um campeão da fé, nos últimos momentos de vida, intercedeu por seus executores:

> **OUVINDO ELES ISTO, ENFURECIAM-SE NO SEU CORAÇÃO E RILHAVAM OS DENTES CONTRA ELE. MAS ESTÊVÃO, CHEIO DO ESPÍRITO SANTO, FITOU OS OLHOS NO CÉU E VIU A GLÓRIA DE DEUS E JESUS, QUE ESTAVA À SUA DIREITA, E DISSE: EIS QUE VEJO OS CÉUS ABERTOS E O FILHO DO HOMEM, EM PÉ À DESTRA DE DEUS. ELES, PORÉM, CLAMANDO EM ALTA VOZ, TAPARAM OS OUVIDOS E, UNÂNIMES, ARREMETERAM CONTRA ELE. E, LANÇANDO-O FORA DA CIDADE, O APEDREJARAM. AS TESTEMUNHAS DEIXARAM SUAS VESTES AOS PÉS DE UM JOVEM CHAMADO SAULO. E APEDREJAVAM ESTÊVÃO, QUE INVOCAVA E DIZIA: SENHOR JESUS, RECEBE O MEU ESPÍRITO! ENTÃO, AJOELHANDO-SE, CLAMOU EM ALTA VOZ: SENHOR, NÃO LHES IMPUTES ESTE PECADO! COM ESTAS PALAVRAS, ADORMECEU** – ATOS 7.54-60

O que me impressiona é a maneira como ele enxergava a fé. Entre os dois trechos citados, há um grande tratado sobre o evangelho, que Estêvão expôs a seus acusadores. Aquele discípulo enxergava o caminho com uma visão global e anunciou-o com contagiante paixão a seus conterrâneos judeus, explicando que fazer tudo convergir em Cristo sempre foi o desejo de Deus. Todo o Antigo Testamento aponta para Ele! Como vimos, foi o que Cristo gastou tempo para explicar nos 40 dias após a ressurreição e que levou discípulos de covardes a incrivelmente corajosos — e essa mensagem, Estêvão também carregava. Precisamos ter conhecimento da extraordinária narrativa de redenção, desde Gênesis — é difícil não se apaixonar por ela.

Então, com isso em mente, leia a seguir o discurso final de Estêvão, na Nova Versão Transformadora. Leia com calma, buscando perceber a interpretação daquele homem acerca das histórias do Antigo Testamento:

> Então o sumo sacerdote lhe perguntou: "Estas acusações são verdadeiras?".
>
> Estêvão respondeu: "Irmãos e pais, ouçam-me! O Deus glorioso apareceu a nosso antepassado Abraão na Mesopotâmia, antes de ele se estabelecer em Harã, e lhe disse: 'Deixe sua terra natal e seus parentes e vá para a terra que eu lhe mostrarei'. Então Abraão saiu da terra dos caldeus e morou em Harã até seu pai morrer. Depois, Deus o trouxe aqui para a terra onde vocês agora vivem.
>
> "Mas Deus não lhe deu herança alguma aqui, nem mesmo o espaço de um pé. Contudo, prometeu que a terra toda pertenceria a Abraão e a seus descendentes, embora ele ainda não tivesse filhos. Disse-lhe também que seus descendentes viveriam numa terra estrangeira, onde seriam escravizados e oprimidos por quatrocentos anos. Mas Deus disse: 'Eu castigarei a nação que os escravizar, e, por fim, sairão dali e me adorarão neste lugar'.
>
> "Naquele tempo, Deus deu a Abraão a aliança da circuncisão. Assim, quando seu filho Isaque nasceu, ele o circuncidou no oitavo dia. Essa prática continuou

quando nasceu Jacó, filho de Isaque, e quando nasceram os doze filhos de Jacó, os patriarcas de Israel.

"Os patriarcas tiveram inveja de seu irmão José e o venderam como escravo para o Egito. Mas Deus estava com ele e o livrou de todas as suas dificuldades. Deus concedeu a José favor e sabedoria diante do faraó, rei do Egito, e o faraó o nomeou governador de todo o Egito e administrador de seu palácio.

"Então veio uma fome sobre o Egito e sobre Canaã. Houve grande aflição, e nossos antepassados ficaram sem comida. Jacó soube que ainda havia cereal no Egito e enviou seus filhos, nossos antepassados, para comprarem alimento. Da segunda vez que foram, José revelou sua identidade a seus irmãos e os apresentou ao faraó. Depois, José mandou trazer para o Egito seu pai, Jacó, e todos os seus parentes, 75 pessoas ao todo. Assim, Jacó foi para o Egito e ali morreu, bem como nossos antepassados. Seus corpos foram levados para Siquém e sepultados no túmulo que Abraão havia comprado por um certo preço dos filhos de Hamor.

"Aproximando-se o tempo em que Deus cumpriria sua promessa a Abraão, nosso povo se multiplicou grandemente no Egito. Então subiu ao trono do Egito um novo rei, que nada sabia a respeito de José. Esse rei explorou e oprimiu nosso povo, forçando os pais a abandonarem seus filhos recém-nascidos, para que morressem.

"Por essa época, nasceu Moisés, um bebê especial aos olhos de Deus. Seus pais cuidaram dele em casa por três meses. Quando tiveram de abandoná-lo, a filha do faraó o adotou e o criou como seu próprio filho. Moisés foi educado em toda a sabedoria dos egípcios e era poderoso em palavras e ações.

"Certo dia, estando Moisés com quarenta anos, resolveu visitar seus parentes, o povo de Israel. Ao ver um egípcio maltratando um israelita, defendeu o israelita e o vingou, matando o egípcio. Imaginou que seus irmãos israelitas entenderiam que ele havia sido enviado por Deus para resgatá-los, mas isso não aconteceu.

"No dia seguinte, visitou-os novamente e viu dois homens de Israel brigando. Tentando agir como pacificador, disse a eles: 'Homens, vocês são irmãos; por que brigam um com o outro?'.

"Mas o homem que era culpado empurrou Moisés e disse: 'Quem o nomeou líder e juiz sobre nós? Vai me matar como matou o egípcio ontem?'. Quando Moisés ouviu isso, fugiu e foi viver como estrangeiro na terra de Midiã. Ali nasceram seus dois filhos.

"Quarenta anos depois, no deserto próximo ao monte Sinai, um anjo apareceu a Moisés nas chamas de um arbusto que queimava. Quando Moisés viu aquilo, ficou admirado. Aproximando-se para observar melhor, ouviu a voz do Senhor, que disse: 'Eu sou o Deus de seus antepassados, o Deus de Abraão, de Isaque e de Jacó'. Moisés tremia de medo e não tinha coragem de olhar.

"Então o Senhor lhe disse: 'Tire as sandálias, pois você está pisando em terra santa. Por certo, tenho visto a aflição do meu povo no Egito. Tenho ouvido seus gemidos e desci para libertá-los. Agora vá, pois eu o envio de volta ao Egito'.

"Era esse o mesmo Moisés que o povo havia rejeitado quando lhe perguntaram: 'Quem o nomeou líder e juiz?'. Por meio do anjo que apareceu a Moisés no arbusto em chamas, Deus o enviou para ser líder e libertador. Assim, com muitas maravilhas e sinais, ele os conduziu para fora do Egito, pelo mar Vermelho e pelo deserto, durante quarenta anos.

"Esse mesmo Moisés disse ao povo de Israel: 'Deus levantará para vocês um profeta como eu do meio de seu povo'. Moisés estava com nossos antepassados, a congregação do povo de Deus no deserto, quando o anjo lhe falou no monte Sinai, e ali Moisés recebeu palavras que dão vida, para transmiti-las a nós.

"Mas nossos antepassados se recusaram a obedecer a Moisés. Eles o rejeitaram e, em seu íntimo, voltaram ao Egito. Disseram a Arão: 'Faça para nós deuses que nos guiem, pois não sabemos o que aconteceu com esse Moisés que nos tirou do Egito'. Logo, fizeram um ídolo em forma de bezerro, ofereceram-lhe sacrifícios e começaram a celebrar o objeto que haviam criado. Então Deus se afastou deles e os entregou para servirem as estrelas do céu como deuses, conforme está escrito no livro dos profetas:

'Foi a mim que vocês trouxeram sacrifícios e ofertas durante aqueles quarenta anos no deserto, povo de Israel?

Não, vocês carregaram o santuário de Moloque, a estrela de seu deus Renfã, e as imagens que fizeram para adorá-los.

Por isso eu os enviarei para o exílio, para além da Babilônia'.

"Nossos antepassados levaram com eles pelo deserto o tabernáculo, construído de acordo com o modelo que

Deus havia mostrado a Moisés. Anos depois, quando Josué comandou nossos antepassados nas batalhas contra as nações que Deus expulsou desta terra, foi levado com eles para seu novo território e ali ficou até o tempo do rei Davi.

"Davi encontrou favor diante de Deus e pediu para construir um templo permanente para o Deus de Jacó, mas foi Salomão quem o construiu. O Altíssimo, porém, não habita em templos feitos por mãos humanas. Como diz o profeta:

'O céu é meu trono, e a terra é o suporte de meus pés.

Acaso construiriam para mim um templo assim tão bom?', diz o Senhor.

'Que lugar de descanso me poderiam fazer? Acaso não foram minhas mãos que criaram o céu e a terra?'.

"Povo teimoso! Vocês têm o coração incircuncidado e são surdos para a verdade. Resistirão para sempre ao Espírito Santo? Foi o que seus antepassados fizeram, e vocês também o fazem! Que profeta seus antepassados não perseguiram? Mataram até aqueles que predisseram a vinda do Justo, a quem vocês traíram e assassinaram! Vocês desobedeceram à lei de Deus, embora a tenham recebido das mãos de anjos"– Atos 7.1-53

Estêvão amou a Cristo em sua vida e honrou-o com sua morte, porque era completamente cativado pela obra de Deus na Terra desde a criação do mundo. Com sua morte, teve início a primeira perseguição aos cristãos em Jerusalém. Como ele, muitos tiveram de escolher entre Cristo e a vida. Pense nisso. Desistir da vida por Jesus é assunto recorrente na Bíblia, tamanho é o valor de conhecer Cristo e obedecer-lhe, permanecendo fiel a qualquer custo.

> **UMA GRANDE ONDA DE PERSEGUIÇÃO COMEÇOU NAQUELE DIA E VARREU A IGREJA DE JERUSALÉM. TODOS ELES, COM EXCEÇÃO DOS APÓSTOLOS, FORAM DISPERSOS PELAS REGIÕES DA JUDEIA E DE SAMARIA** – ATOS 8.1 (NVT)

Por causa da grande perseguição em Jerusalém, houve uma dispersão dos discípulos. Com isso, muitos que haviam sido impactados pela mensagem da redenção espalharam as boas-novas por outras regiões — e a Bíblia cita o primeiro raio de alcance: Judeia e Samaria. Foi naquele tempo que se deu a bela conversão de Saulo, nosso conhecido Paulo. Em uma doce ironia, o grande perseguidor da Igreja passa a servi-la, pelo restante de seus dias.

De maneira didática, podemos classificar os 12 primeiros capítulos de Atos como acontecimentos da Igreja em Jerusalém e seus arredores. A partir do capítulo 13, começa a primeira viagem missionária que, juntamente com outras que se seguiram, mudaria o destino do mundo.

> **E, SERVINDO ELES AO SENHOR E JEJUANDO, DISSE O ESPÍRITO SANTO: SEPARAI-ME, AGORA, BARNABÉ E SAULO PARA A OBRA A QUE OS TENHO CHAMADO. ENTÃO, JEJUANDO, E ORANDO, E IMPONDO SOBRE ELES AS MÃOS, OS DESPEDIRAM. ENVIADOS, POIS, PELO ESPÍRITO SANTO, DESCERAM A SELÊUCIA E DALI NAVEGARAM PARA CHIPRE. CHEGADOS A SALAMINA, ANUNCIAVAM A PALAVRA DE DEUS NAS SINAGOGAS JUDAICAS; TINHAM TAMBÉM JOÃO COMO AUXILIAR** – ATOS 13.2-5

Primeira viagem de Paulo

Portanto, na segunda parte do livro de Atos, testemunhamos o movimento fundado por Jesus em Jerusalém (que, a princípio, havia se estendido apenas aos arredores) avançando até novas nações. O evangelho foi anunciado em Salamina, Antioquia, Listra, Tessalônica, Bereia, Atenas, Trôade, Corinto, Éfeso, Mileto, Tiro, Cesareia, Mirra, Creta, Malta e, eventualmente, Roma. Não leia como se fosse uma simples lista de localizações; em pouco tempo, as boas-novas da salvação adentraram a Europa (Grécia, Macedônia e Itália) e a Ásia.

Vale ressaltar que aqueles homens, nas localidades por onde passaram, não só evangelizaram, mas também fizeram discípulos; duas partes da mesma ordem de Jesus. Sempre escuto meu sogro, pastor Abe Huber, dizer que não fomos chamados apenas a fazer *convertidos*, mas, sim, a fazer *discípulos*, e creio ser importante ter essa distinção em mente. Na prática, o processo de testemunhar acerca de Cristo acontece de maneira mais eficiente dentro do discipulado, que abrange desde "anunciar boas-novas" até "ensinar-lhes a cumprir todas as ordenanças". Essa é a integralidade da grande comissão de Jesus.

Assim, a sequência de viagens missionárias resultou no plantio de diversas igrejas locais que, por sua vez, continuaram a propagação do evangelho de Jesus Cristo até que se espalhasse por mais e mais nações do mundo. Muitas coisas aconteceram na Europa, na Ásia e, ainda, na África daquele tempo, mas quero chamar sua atenção para o local onde a jornada de Paulo terminou: Roma.

A igreja crescia rapidamente por lá, ainda que duramente perseguida, sob a acusação de ateísmo. Sim, você leu direito. O motivo da perseguição não era por crerem em Cristo, mas, sim, por abandonarem a fé no Panteão Romano. À medida que os romanos se convertiam, desistiam de participar de diversas atividades sociais que incluíam adoração ou até sacrifícios a deuses, de modo que passaram a ser vistos como pessoas que odiavam a sociedade, o que definitivamente não era o caso.

Havia inúmeros rumores falsos sobre a Igreja em Roma, a ponto de os cristãos serem difamados como pessoas que cometiam orgias e comiam bebês. Nas ocasiões dos cultos, as mulheres se vestiam como se estivessem com a família, e isso foi motivo de um falatório crescente e distorcido que as acusava de suscitar orgias.

Os cristãos costumavam resgatar os órfãos e crianças que encontravam nas ruas, inclusive bebês. Além disso, as pessoas ouviam falar que cristãos comiam o corpo de Jesus e bebiam seu sangue, o que obviamente se referia à santa ceia, e viam pinturas de Jesus como um bebê numa manjedoura. Então, baseados nessas informações, chegaram à conclusão de que cristãos comiam bebês. Mais uma vez, um salto de interpretação inexplicável. Comento essas histórias para lembrar que difamações contra a Igreja não são novidade.

Por fim, progressivamente, todos aqueles rumores foram alimentando a ideia de que os cristãos eram abomináveis, o que culminou numa violenta perseguição. Nero ainda decidiu culpá-los pelo incêndio que ele próprio havia encomendado para remodelar parte da cidade. Logo, naquela época, dizer "sim" a Cristo significava ser despedaçado no Coliseu, queimado vivo para iluminar as ruas de Roma ou sofrer qualquer outro tipo bárbaro de execução.

Foi o que aconteceu a Justino, o Mártir. Era um advogado romano, que começou a estudar o evangelho para desmenti-lo. Ao debruçar-se sobre a história de Cristo e seus discípulos, acabou se convertendo. Seu trabalho para enfraquecer o evangelho tornou-se precisamente o contrário: passou a escrever apologias, demonstrando que a crença em Cristo não era absurda, que havia lógica por trás da decisão de seguir Jesus e que cristãos não eram canibais nem devassos. Defendeu a fé cristã perante outras religiões, apelando, inclusive, ao imperador. O advogado contribuiu ricamente para com a igreja, sendo considerado por muitos um dos primeiros apologetas. Justino encontrou Cristo e se apaixonou, a ponto de dedicar a vida a Ele — e a morte. Foi decapitado por recusar-se a adorar outros deuses.

Logo após o começo da perseguição aos cristãos, durante a regência do Imperador Deocleciano, no ano 303, Agnes, uma garota romana de apenas 12 anos de idade, foi ordenada a oferecer incenso no altar de Minerva, em Roma, mas se recusou, porque seguia a Jesus. Tentaram persuadi-la com bajulações e até um pedido de casamento, mas ela afirmava que Cristo era seu noivo. "Ele me escolheu primeiro, e eu para sempre serei Dele...", respondeu ela. Com 12 anos, Agnes foi condenada à morte pela espada, por seu amor a Jesus Cristo.[17]

Outra história marcante é a dos 40 mártires de Sebaste. Embora o episódio não tenha acontecido em Roma, deu-se nos domínios do Império Romano. Por volta do ano 320, 40 soldados romanos de nacionalidades diferentes, tementes a Deus, foram condenados à morte por crerem em Cristo. Como castigo, foram mergulhados despidos em um lago congelado, a temperaturas cruelmente baixas. Se negassem a Cristo, poderiam sair, salvando suas vidas. Apesar da circunstância,

Quarenta Mártires de Sebaste | Wikimedia Commons

---

17. ROSE, Dusty. *Early Martyrs of the Church*, p. 19.

permaneceram, cantando louvores ao Senhor, com exceção de um, que negou a fé em troca de seu próprio conforto.

Um dos guardas que vigiava os 39 restantes foi profundamente impactado pelo brilho nos olhos daqueles homens, que louvavam ao seu Deus enquanto aguardavam a morte. Então, ele se despiu e foi para junto deles. A partir daquele momento, também cria em Cristo e partilhava da pena de morte dos condenados. Ao amanhecer, os que sobreviveram à hipotermia foram queimados vivos.[18]

Cristo morreu por nós. Em seguida, seus amigos morreram para compartilhar o que Ele havia feito pela humanidade. Depois deles, outros fizeram o mesmo. O caminho das boas-novas foi pavimentado com o sangue de nossos irmãos, que pagaram um alto preço por não ficarem calados acerca do que viram e ouviram.

> DESDE AS ORIGENS, A FÉ CRISTÃ NÃO FOI ALGO FÁCIL NEM SIMPLES. O PRÓPRIO SENHOR A QUEM OS CRISTÃOS SERVIAM HAVIA MORRIDO NA CRUZ, CONDENADO COMO UM MALFEITOR QUALQUER. COMO JÁ VIMOS, MAIS TARDE ESTÊVÃO SOFREU DESTINO SEMELHANTE, AO SER MORTO APEDREJADO DEPOIS DE DAR SEU TESTEMUNHO DIANTE DO CONSELHO DOS JUDEUS. ALGUM TEMPO DEPOIS, O APÓSTOLO TIAGO ERA MORTO POR ORDEM DE HERODES. A PARTIR DE ENTÃO, ATÉ NOSSOS DIAS, SEMPRE EXISTIRAM PESSOAS COLOCADAS EM SITUAÇÕES NAS QUAIS TIVERAM DE SELAR O TESTEMUNHO COM SEU SANGUE.[19]

---

18. ROSE, Dusty. *Early Martyrs of the Church*, p. 47-48.
19. GONZALEZ, L. Justo. *História Ilustrada do Cristianismo, Vol. 1: A Era dos Mártires até A Era dos Sonhos Frustrados*, p. 38.

Na Bíblia, muitos morreram por Jesus e o evangelho. Na história, a obediência a qualquer custo continuou a ser uma marca dos cristãos. Não que viver em tempos de paz seja ruim, mas, ao comparar a postura de cristãos em tempos de perseguição com a de cristãos que não passaram por isso, podemos concluir que o segundo grupo corre um risco: perder ou diminuir consideravelmente o comprometimento inerente ao amor a Cristo. O relacionamento com Jesus demanda amor total, em qualquer circunstância.

O viver é Cristo, e o morrer é lucro – essa é a verdade. Se não conseguirmos superar nosso desconforto para amar a Cristo em tempos de paz, não seremos capazes de amá-lo até a morte. Se não aceitarmos ser criticados por causa de Cristo, jamais daremos conta de ser maltratados por Ele. Se não entendermos que o precioso evangelho deve ser anunciado enquanto há liberdade, é certo que não o anunciaremos quando houver restrições.

Não podemos estar acomodados no cotidiano a ponto de colocar de lado a mais importante missão que nos foi entregue. A grande comissão tem-se tornado, na igreja moderna, a "grande omissão"!

Por mais que não tenhamos como abandonar a vida civil, somos soldados alistados para o exército de Deus. Jesus, ao interceder por sua Igreja, orou para que não fôssemos tirados do mundo, mas, sim, protegidos do mal, indicando que haveria uma oposição a nós, ainda que ela tenha se manifestado de formas diferentes em cada época da história. Viver em paz como vivemos hoje é uma bênção, mas não podemos esquecer o radical serviço que fomos convocados a prestar:

> **NENHUM SOLDADO SE DEIXA ENVOLVER PELOS NEGÓCIOS DA VIDA CIVIL, JÁ QUE DESEJA AGRADAR ÀQUELE QUE O ALISTOU** – 2 TIMÓTEO 2.4 (NVT)

O crescimento da Igreja do ano 33 até o ano 325, aproximadamente, foi assim, sob perseguição, às custas do sangue de muitos mártires que entenderam o que cristãos modernos têm dificuldade de assimilar: quanto vale o evangelho de Cristo e a importância de obedecer à grande comissão, custe o que custar. A partir de então, as coisas começaram a mudar.

SEIS

CAPÍTULO 6

TEMPOS SOMBRIOS

Nos primeiros três séculos, vê-se um bom exemplo de tudo que a Igreja deveria ser. No intervalo seguinte, observa-se o oposto: muitos exemplos do que ela nunca deveria ser.

O movimento que começou com Jesus, trazendo sentido a tudo que Deus havia comunicado desde os patriarcas, continuou crescendo com os discípulos e, a seguir, com os discípulos de seus discípulos. Então, com muitos mártires, o evangelho ultrapassou os limites de Jerusalém, alcançando parte dos continentes europeu e asiático, incluindo Roma, que foi uma amostra dos bárbaros resultados da forte perseguição sofrida na primeira era cristã.

Somente a partir do tempo de governo do imperador Constantino, mais especificamente no ano 313, com o edito de Milão, a igreja teve um primeiro vislumbre de liberdade religiosa. A legitimidade da conversão de Constantino ainda é muito debatida, mas, independentemente de ter sido um ato político ou uma experiência real — com falta de instrução —, sua conversão desencadeou uma série de eventos que deixaram marcas na Igreja.

Após um encontro com Jesus, na batalha da Ponte Mílvia, Constantino passou a crer no evangelho, porém de forma sincrética, associando o Cristo ressurreto a alguns ensinamentos pagãos antigos. Sua fé, embora distorcida, levou-o a ordenar tanto o cessar da violenta perseguição contra os cristãos quanto a devolução das propriedades que haviam sido confiscadas.[20]

Ao mesmo tempo que buscava parecer bem perante seus conterrâneos pagãos, promoveu cristãos a posições políticas. Estes, por sua vez, constrangidos, esforçaram-se por demonstrar que Constantino era o governador escolhido por Deus,[21] mesclando, assim, religião e governo — o que definiria o tom do próximo milênio de religião.

Aquele período de liberdade deu espaço para que a pregação fosse realizada mais abertamente. Assim, diferentes grupos começaram a reunir-se e, com facilidade e perigosa frequência, heresias se manifestavam. A propósito, a maioria não era novidade e já havia sido combatida anteriormente. Alguns estudiosos alegam que praticamente metade do Novo Testamento foi escrito para refutar as heresias iniciais, usadas e recicladas por muitos até os dias de hoje. Os Evangelhos, em especial, são uma narrativa histórica motivada por preocupação teológica; Marcos, por exemplo, possivelmente tenha sido escrito à igreja em Roma durante a perseguição neroniana.[22]

Enfim, por causa das heresias propagadas no tempo em que cessara a perseguição aos cristãos, conselhos passaram a reunir pessoas-chaves, incluindo Pais da Igreja. O objetivo era identificar, analisar e refutar todo ensino herético. Houve necessidade de união para defender e fundamentar a crença cristã. Então, a partir daquelas reuniões, para destacar o que era a verdade e ensiná-la de forma didática foram criados credos.

Destaca-se o famoso conselho de Niceia, no ano 325, cujo intuito foi refutar o arianismo, uma aberração doutrinária que afirmava ser Cristo uma criação do Pai, negando a deidade do Filho. Para desmentir tal heresia, foi estabelecido o credo niceno, uma declaração que resume a fé cristã, citando os aspectos essenciais da doutrina bíblica:

---

20. GONZALEZ, L. Justo. *História Ilustrada do Cristianismo, Vol. 1: A Era dos Mártires até A Era dos Sonhos Frustrados*, p. 132.
21. Ibidem, p. 132.
22. STRAUSS, L. Mark. *Four Portraits, One Jesus : A Survey of Jesus and the Gospels*, p. 31.

CREIO EM UM SÓ DEUS, PAI TODO-
-PODEROSO, CRIADOR DO CÉU E DA
TERRA, / DE TODAS AS COISAS VISÍVEIS E
INVISÍVEIS. / CREIO EM UM SÓ SENHOR,
JESUS CRISTO, FILHO UNIGÊNITO DE
DEUS, / NASCIDO DO PAI ANTES DE
TODOS OS SÉCULOS: DEUS DE DEUS, LUZ
DA LUZ, / DEUS VERDADEIRO DE DEUS
VERDADEIRO, / GERADO, NÃO CRIADO,
CONSUBSTANCIAL AO PAI. / POR ELE
TODAS AS COISAS FORAM FEITAS. / E
POR NÓS, HOMENS, E PARA NOSSA
SALVAÇÃO, DESCEU DOS CÉUS: (AQUI
TODOS SE AJOELHEM) E SE ENCARNOU
PELO ESPÍRITO SANTO, / NO SEIO DA
VIRGEM MARIA, E SE FEZ HOMEM. (AQUI
TODOS SE LEVANTEM) TAMBÉM POR
NÓS FOI CRUCIFICADO SOB PÔNCIO
PILATOS; / PADECEU E FOI SEPULTADO.
/ RESSUSCITOU AO TERCEIRO DIA, /
CONFORME AS ESCRITURAS, / E SUBIU
AOS CÉUS, / ONDE ESTÁ SENTADO À
DIREITA DO PAI. / E DE NOVO HÁ DE
VIR, / EM SUA GLÓRIA, / PARA JULGAR
OS VIVOS E OS MORTOS; / E O SEU
REINO NÃO TERÁ FIM. / CREIO NO
ESPÍRITO SANTO, / SENHOR QUE DÁ A
VIDA, / E PROCEDE DO PAI E DO FILHO;
/ E COM O PAI E O FILHO É ADORADO
E GLORIFICADO: / ELE QUE FALOU
PELOS PROFETAS. / CREIO NA IGREJA,
UNA, SANTA, CATÓLICA (CATÓLICA
SIGNIFICA UNIVERSAL) E APOSTÓLICA.
/ PROFESSO UM SÓ BATISMO PARA
REMISSÃO DOS PECADOS. / E ESPERO A
RESSURREIÇÃO DOS MORTOS / E A VIDA
DO MUNDO QUE HÁ DE VIR. AMÉM.

Primeiro Concílio de Niceia | Wikimedia Commons

Mais tarde, no ano 381, sob o governo do imperador Teodósio, o cristianismo se tornou a religião oficial do Império Romano. Reuniões que antes aconteciam escondidas nas casas, até mesmo em catacumbas, passaram a ser públicas, legais e, infelizmente, cada vez mais politizadas e pomposas.

Com isso, ser igreja não era mais sinônimo de perseguição, compartilhar posses e alimentar os pobres. Pelo contrário, eram oferecidos certos benefícios aos que caminhassem no "Caminho" (nada parecido com o "Caminho" bíblico, seguido pelos primeiros crentes, conforme Atos 22.4): poder e influência estatal.

As vantagens atraíram pessoas que não possuíam interesse genuíno de servir ao Senhor, apenas a si mesmas, dando início ao período mais sombrio da história da Igreja. É certo que, embora em época tenebrosa, muitos conheceram genuinamente a Cristo e o anunciaram a outros. No entanto, de modo geral, muitas coisas obstruíram o caminho da verdadeira missão dos discípulos de Jesus. A Igreja adotou vários tipos de práticas não bíblicas que, mais tarde, resultaram no comprometimento de princípios que deviam ser inegociáveis.

Não poderia ser diferente: vários erros absurdos foram cometidos pela Igreja daquele tempo. Abusos papais, indulgências, o clero esbanjando em banquetes enquanto o povo morria de fome, as Cruzadas. Vale lembrar que não foram problemas causados pelo catolicismo em si, até porque, por muitos anos, toda igreja era "católica" — no latim, significa "eclesiástico"; no grego, "universal".

Posteriormente, seria a igreja protestante a cometer seus enganos, igualmente antibíblicos. Não se trata da nomenclatura, e, sim, do desviar-se da verdade do evangelho.

> A QUEDA DO IMPÉRIO ROMANO DO OCIDENTE CRIOU UMA SÉRIE DE REINOS INDEPENDENTES, CADA UM DOS QUAIS TEVE GRANDE SIGNIFICADO PARA A HISTÓRIA SUBSEQUENTE DA IGREJA EM SEU TERRITÓRIO. TAMBÉM DEU NOVAS FUNÇÕES E PODER A DUAS INSTITUIÇÕES QUE COMEÇARAM A SE DESENVOLVER ANTERIORMENTE: O MONASTICISMO E O PAPADO. FINALMENTE, NOVAS INVASÕES, DESTA VEZ DO SUDESTE, APRESENTARAM NOVOS DESAFIOS AO CRISTIANISMO. CADA UM DESSES DESENVOLVIMENTOS MERECE CONSIDERAÇÃO SEPARADA.[23]

Durante séculos, reinos independentes tiveram o cristianismo como religião oficial, porém cada vez mais distantes da verdade bíblica. Por mais que a liberdade de pregar a Cristo seja, indiscutivelmente, positiva, fato é que abriu caminho para a criação de uma cultura religiosa equivocada: a decisão por Cristo estava conectada, por exemplo, ao direito de ter documentos. Isso nunca foi o desejo de Jesus, o fundador da Igreja. A religiosidade, expressão mecânica da religião, juntamente com tradições e políticas criadas por homens, são uma soma perigosa, que levanta obstáculos no caminho da verdadeira fé, pura e simples, que é a vontade de Deus para os homens.

Fomos criados para ter relacionamento com um Deus que é presente; o que o Senhor fez questão de deixar claro desde a criação. Em Gênesis 1.31, o Senhor olha para a humanidade criada e diz que

---

23. GONZALEZ, L. Justo. *The Story of Christianity: Volume 1: The Reformation to the Present Day*, p. 269.

aquilo era "muito bom" – enquanto todas as outras coisas da criação eram "boas", a humanidade era "muito boa". A afirmação denota um carinho especial.

A própria língua hebraica distingue a criação dos seres humanos das demais coisas: enquanto o verbo "criar" é ארב, *bara*, para todas as coisas criadas, o relato da criação do homem e da mulher utiliza outro termo: רצי, *yatsar* (Gn 2.7), que significa *"manufatura"*. A ideia é que, diferentemente de como criou o Universo, Deus fez a humanidade com as próprias mãos. Ele chamou todas as coisas à existência com suas palavras, porém, ao formar o homem, aproximou-se — fez questão de colocar os joelhos no chão e as mãos no barro para esculpir a coroa da criação.

Ele nunca desejou ser um Deus distante, pelo contrário, sempre quis, desde o princípio, mostrar-se pessoal e presente. Ele visitava o homem diariamente, com a finalidade de ter comunhão. Em contraste, a religiosidade, testemunhada no primeiro período de liberdade cristã, faz justamente o contrário: pinta um Deus de longe, com o qual não se conserva amizade, e, sim, uma relação de interesses. É uma afronta ao plano original do Criador, por isso Jesus, em seus ensinos, falou tão duramente contra ela.

Obviamente, nem tudo foi negativo naquele período. Apesar das dificuldades, a palavra seguiu seu curso e foi pregada. Homens e mulheres, em todo o mundo, arrependiam-se de seus pecados e encontravam a Cristo, juntando-se à missão de espalhar as boas-novas que viram e ouviram. Muitas igrejas, inclusive, fizeram um exímio trabalho de não só anunciar o evangelho, mas também de cuidar dos pobres.

Em muitas ocasiões, Cristo não se manifestou em igrejas luxuosas, e, sim, nos campos, nos lábios de homens e mulheres tementes a Deus. Mesmo naquele tempo, vários foram capazes de deixar um legado. Agostinho, por exemplo, viveu de 354-430 e escreveu obras incríveis, que servem de fundamento doutrinário à Igreja até hoje — e ele não foi o único. Neste livro, não temos espaço para mencionar, mas é certo que sempre houve referências de amor e serviço a Cristo, mesmo em tempos difíceis, e isso deve despertar esperança. A Igreja, em sua pior versão, ainda fez muito bem para o mundo.

Retomando o curso da história da Igreja, a autoridade clerical era passada de papa para papa, enquanto permanecia uma mistura entre governo e religião. Houve uma redefinição de poder e riquezas a partir do cristianismo. Além disso, sob a liderança da Igreja Católica — lembrando que, na época, todas as igrejas cristãs eram denominadas católicas —, diversos eventos marcaram e moldaram o mundo, transformando, inclusive, a cultura de muitas nações.

Foi o que aconteceu no início do século VII, quando o islamismo avançou pelo mundo. O Papa Urbano II decidiu que a espada era a resposta. Muitos foram morrer em terra estrangeira para lutar uma guerra "santa", que era tudo menos santa, desencadeando um ciclo de muitas guerras.

Sim, estamos falando da história da Igreja de Cristo. Infelizmente, é necessário admitir que ela esteve conectada com a ascensão e a queda de reinos e nações naquele tempo, sendo o cristianismo, muitas vezes, sinônimo de política — e má política.

Resumindo, do ano 33 ao 325, temos a Igreja primitiva sob perseguição. De 325 a 590, com a chegada da liberdade, houve um processo de institucionalização, com forte queda no comprometimento com a verdade bíblica. De 590 a 1517, a Igreja instituída, porém distante do evangelho, caminhou por um perigoso campo de políticas e guerras, numa mescla de governo e religião. Depois de mais de um milênio de história da Igreja, num período que começou antes e terminou depois da Idade Média, uma ruptura foi necessária, o que nos leva ao próximo ponto: a Reforma Protestante.

CAPÍTULO 7

NOVOS VEÍCULOS, ETERNAS VERDADES

Martinho Lutero, estudante de Direito, converteu-se e tornou-se monge. Ao visitar Roma, ficou chocado com a imoralidade e a corrupção do clero. Sentia-se, também, incomodado com sua própria dificuldade de caminhar em pureza, o que confessava constantemente. Cansaram-se dele, então o mandaram para a universidade de Edimburgo, para estudar teologia.

Naquele período, voltou sua atenção à verdade bíblica da salvação pela fé, não recebida por obras, tampouco por indulgências. As práticas antibíblicas que percebeu o incomodaram profundamente. Então, Lutero escreveu 95 teses contra os equívocos da Igreja e pregou-as na porta da paróquia de Wittenberg. Isso desencadeou uma série de debates e conversas, que contribuíram para um alinhamento da teologia daquele tempo.

Além de se posicionar contra as indulgências, Lutero condenou a doutrina da infalibilidade papal e ressaltou o sacerdócio, com embasamento bíblico, como pertencente a todos os cristãos. Ou seja, a Reforma Protestante não se ateve a um movimento de alinhamento doutrinário, mas foi considerada uma revolução por desafiar o maior poder da época.[24] Tamanha foi a proporção que, em 1521, Lutero foi convocado a defender sua teologia perante o imperador Charles V.

Outros homens já haviam criticado a corrupção da Igreja, mas a reforma de Lutero chegou em momento oportuno, quando houve a invenção e popularização da prensa de Gutenberg. O reformador, então, traduziu para o alemão a Bíblia que, anteriormente, estava disponível somente no latim; assim, as Escrituras foram largamente distribuídas entre seus conterrâneos. Agora, o direito à intepretação bíblica não pertencia mais a poucos homens; tornara-se disponível aos leigos.

Outras pequenas reformas, instigadas pela de Lutero, aconteceram pela Europa. Nelas, levantaram-se homens de Deus que também impactaram suas nações profundamente: Calvino, na França; Wesley, na Inglaterra; Zwingli, na Suíça; dentre muitos outros.

O resultado foi o surgimento de novas denominações, além da católica, com divergências doutrinárias entre si. Geralmente, cada uma fundamentava-se em torno de uma verdade bíblica específica. Então, por causa da diferença, nasceram conflitos, alguns vergonhosos.

Durante aquele novo período, corrupções permaneceram dentro de muitas igrejas. Ainda houve prostituição da fé em troca de poder. No entanto, a Reforma Protestante significou, sem sombra de dúvida, um passo na direção certa, para que os discípulos de Jesus voltassem a exercer seu papel de testemunhas do verdadeiro evangelho, como lhes fora comissionado.

Um século depois, fruto da Reforma, um movimento extraordinário teve início. Nicolau Zizendorf, um ministro luterano, encontrou um grupo de moravianos em Dresden, na Alemanha, que fugia da perseguição na Morávia, e ofereceu-lhes abrigo. Eles passaram a morar nas terras de Zizendorf, num conglomerado que chamaram de Herrnhut. Em 1731, na Dinamarca, Zizendorf encontrou esquimós que haviam se convertido pela pregação de Hans Edge, um missionário luterano, e isso despertou seu interesse por missões. No ano seguinte, os moravianos de Herrnhut começaram a fazer suas próprias viagens missionárias para levar o evangelho de Cristo, respaldados

---

24. GREEN, John. *Lutero e a Reforma Protestante: Crash Course História Mundial #218*. Disponível em: https://youtu.be/1o8oIELbNxE

por um movimento sem precedentes de oração ininterrupta, que durou cem anos.[25]

> NO MOMENTO DO AVIVAMENTO EM HERRNHUT, EM 1727, HAVIA 220 PESSOAS VIVENDO EM 30 CASAS DIFERENTES EM HERRNHUT, E 87 DELAS ERAM CRIANÇAS. ZINZENDORF TOMOU AS CRIANÇAS SOB SUA PROTEÇÃO, PRIMEIRO EM BERTHELSDORF E DEPOIS EM HERRNHUT. ZINZENDORF TINHA UM AMOR ESPECIAL PELAS CRIANÇAS E JOVENS, POIS HAVIA EXPERIMENTADO MUITO DE DEUS EM SUA JUVENTUDE. ELE PASSAVA TEMPO SIGNIFICATIVO DISCIPULANDO AS CRIANÇAS E ORANDO PARA QUE O ESPÍRITO DE DEUS AS ENCHESSE. [26]

Avivados, os moravianos possuíam uma grande paixão por almas e enviaram muitos missionários para diversas regiões, em um entendimento pleno da responsabilidade com a grande comissão. Também no ano de 1731, Zizendorf conheceu um escravo liberto, chamado Anthony Ulrich, e o convidou a compartilhar com a comunidade de Herrnhut seu testemunho, que envolvia o contexto da escravidão. As palavras de Ulrich impactaram tão profundamente os moravianos, que dois jovens, John Leonard Dober e David Nietsche, se ofereceram para ser vendidos como escravos em troca de terem acesso a uma ilha do Caribe onde havia muitos escravos que não conheciam Jesus. A disposição deles de pregar o evangelho é inspiradora, mesmo que, posteriormente, a negociação para serem escravizados não tenha se concretizado por razões legais.

---

25. GONZALEZ, L. Justo. *The Story of Christianity: Volume 2: The Reformation to the Present Day*, p. 263.
26. HUBBARD, Jason. *Moravian Miracle: The 100 Year Prayer Meeting That Changed the World*, p. 36.

John tinha apenas 18 anos quando entrou no navio, disposto a renunciar sua própria liberdade para pregar o evangelho àqueles que ainda não o tinham ouvido. No dia 8 de outubro de 1732, à medida que deixava para trás o porto sem saber se retornaria um dia, deu um brado apaixonado: "Que através de nossas vidas, o Cordeiro que foi imolado receba a recompensa!"[27]

Em 1735, John Wesley embarcou numa viagem à Georgia. Uma grande tempestade sobreveio ao navio, e John se encontrou apavorado com a ideia de morrer, o que revelou a fraqueza de sua fé e muito o envergonhou, por mais que tivesse crescido num lar cristão. No mesmo navio, havia uns imigrantes moravianos que, durante o temporal, cantavam louvores ao Senhor, calmos e cheios de paz.[28] Algum tempo depois, Wesley teve certeza de sua salvação numa reunião também com moravianos, em Aldersgate Street. Mais tarde, ele literalmente mudou o mundo com sua pregação.

Dizem que Wesley pregou cerca de 40 mil sermões ao longo da vida. Neles, falou muito sobre salvação, santidade e cuidado com os pobres — era a junção do zelo moraviano com o ativismo social da tradição reformada. Tornou-se o mais proeminente pregador dos chamados arminianos. O grupo de Wesley, do qual fazia parte também seu irmão Charles, estabeleceu o compromisso de viver uma vida em sobriedade, celebrar a santa ceia semanalmente, ser fiel em suas devoções, visitar prisões regularmente e gastar pelo menos três horas diárias lendo a Bíblia ou livros sobre ela.

Na mesma época, George Whitfield havia se tornado conhecido. Com uma experiência semelhante à de Wesley em Aldersgate, começou a dividir seu tempo entre a igreja local e o ministério itinerante.[29] Whitfield pediu que Wesley o assistisse no ministério; então, trabalharam juntos por um tempo. O aspecto da assistência social em sua pregação foi tão impactante que a Inglaterra não precisou passar por uma revolução sangrenta como a maioria dos

---

27. HUBBARD, Jason. *Moravian Miracle: The 100 Year Prayer Meeting That Changed the World*, p. 44.
28. CRUTCHER, J. Timothy. *John Wesley: His Life and Thought*, p. 30.
29. GONZALEZ, L. Justo. *The Story of Christianity: Volume 2: The Reformation to the Present Day*, p. 267.

países vizinhos, porque a Igreja cuidava dos pobres. Ou seja, a própria visão moral da sociedade foi reformada com o impacto da Igreja. Mais tarde, como consequência, nasceu o movimento que resultou na abolição da escravidão.

Nos Estados Unidos, a Igreja Metodista crescia rapidamente, e a Palavra era pregada por todo canto. Pregadores eram enviados em circuito, os chamados *circuit riders*, para que a Palavra de Deus alcançasse vários lugares diferentes. Para remir o tempo, liam a Bíblia em seus cavalos, enquanto viajavam. Diz-se que tinham curta expectativa de vida, por ficarem expostos a rígidas e contrastantes condições climáticas durante suas longas viagens a cavalo, o que evidencia o quanto se esforçaram e o quanto eram apaixonados por pregar as boas-novas.

Daqueles movimentos missionários crescentes na Europa, nos Estados Unidos e em outros lugares do mundo, várias denominações miraram o Brasil. Aqui, passamos a responder à pergunta de como o evangelho pregado pelos discípulos de Jesus no primeiro século acabou chegando a você.

HISTÓRIA DA IGREJA NO BRASIL

A colonização do Brasil, desde sua descoberta por Portugal, foi realizada mediante uma parceria entre a coroa portuguesa e a Igreja Católica. Assim, os primeiros a pregar o evangelho nestas terras foram jesuítas portugueses, que tinham como objetivo catequizar os índios. Sem dúvida, muitos vieram com um coração nobre e doador, deixando tudo o que possuíam para trás.

Mais tarde, o evangelho se espalhou pelo Brasil por intermédio de imigrantes e missionários. O primeiro missionário de que se tem conhecimento é Hans Staden que, em 1547, estava indo para a Argentina num navio mercante português que naufragou perto do litoral de São Paulo e foi capturado por índios tupinambás. Diante da possibilidade de ser devorado por indígenas, Staden recitou o Salmo 130, despertando o interesse dos ouvintes, que quiseram entender mais. Então, missionário por acidente, aprendeu a língua e a cultura dos tupinambás, para ensinar-lhes sobre a Bíblia.

Regressou à Alemanha em 1554, onde escreveu um livro intitulado *Minha Viagem ao Brasil*, publicado em 1557, em Marburg.

O primeiro culto protestante, ou seja, de uma denominação procedente da Reforma Protestante, ocorreu em 10 de março de 1557, no Rio de Janeiro, que na época havia sido tomado por franceses. Entretanto, o contexto daquela reunião foi de uma invasão, com a destruição de altares e propriedades católicas. O efeito foi traumático para a Igreja Católica do Brasil, que não via os protestantes com bons olhos.

Em 1630, os holandeses trouxeram a igreja reformada ao Nordeste.[30] Pouco tempo depois, em 1654, quando Pernambuco foi retomada, as portas se fecharam ao protestantismo por mais de 150 anos.[31] Protestantes só foram autorizados a entrar livremente no Brasil em 1810.

Portanto, até o início do século XIX, qualquer expressão religiosa que não fosse católica havia sido expressamente proibida em terras brasileiras. Assim que a obstrução cessou e as portas novamente se abriram, imigrantes e missionários começaram a chegar. À medida que os domínios de Napoleão Bonaparte se expandiam pela Europa, Portugal teve de aliar-se com a Inglaterra para defender seus territórios, o que também levou à abertura dos portos brasileiros para receber imigrantes europeus.[32] Assim, ingleses, alemães, italianos, entre outros, com mais frequência vinham ao Brasil, seja para visitar ou para imigrar — e traziam consigo o evangelho.

Apesar da liberdade para que protestantes entrassem na nação, não houve tolerância religiosa até 1824, quando cultos não católicos passaram a ser, enfim, permitidos por lei. A partir de então, o protestantismo foi tolerado, ainda que com restrições.

Em 1835, metodistas, batistas e presbiterianos, provenientes de diversos pontos do mundo, fizeram missões pelo Brasil — temos uma dívida com as nações. Creio que, do Brasil, ainda serão enviados muitos missionários a todo o mundo não só como resposta à grande

---

30. MELO, Saulo de. *História da Igreja e o Evangelismo Brasileiro*, p. 285.
31. SANTOS, Marcelo. *História da Igreja - Protestantismo no Brasil* (Aula 22, RTM).
32. GONZALEZ, L. Justo. *The Story of Christianity: Volume 2: The Reformation to the Present Day*, p. 355.

comissão de nosso Senhor, mas também como gratidão àqueles que nos trouxeram o evangelho.

Naquela época, havia discriminação contra os protestantes, que não tinham espaço nem direito de participar de atividades básicas da sociedade. Como todas as documentações de um cidadão, desde o nascimento até o sepultamento, eram feitas pela Igreja Católica, evangélicos não possuíam documentos apropriados, o que os impedia, por exemplo, de ter um sepultamento em cemitérios públicos.

As restrições duraram até 1891, quando o Estado se tornou oficialmente laico, embora tenham reverberado ainda por um tempo. Os avós de minha esposa eram fazendeiros em Illinois, nos Estados Unidos, e foram chamados por Deus para pregar o evangelho a comunidades ribeirinhas na Amazônia. Chegaram ao Brasil em 1956 e, mesmo em tempos tão recentes, sofreram perseguição católica por serem protestantes. Foram difamados na região e sofreram ataques. Uma vez, passaram a ser apedrejados numa praça pública onde pregavam em Pitangui, Minas Gerais. Correram em busca de abrigo para dentro da casa de um irmão, que havia se convertido recentemente, mas os perseguidores continuaram a atirar pedras, quebrando as janelas. A família rapidamente recolheu o bebê, que dormia num berço. Depois que o tumulto acabou, encontraram pedras até dentro daquele berço.

Em 1910, já no recente século XX, muitos italianos vieram ao Paraná. Muitos eram presbiterianos e, mais tarde, fundaram a Congregação Cristã do Brasil.

No mesmo ano, Daniel Berg e Gunnar Vingren, dois suecos, vieram dos Estados Unidos a Belém do Pará. No porão de uma igreja, as reuniões pentecostais tiveram início. Em 1911, fundaram a Igreja Assembleia de Deus, que hoje possui milhões de membros.[33]

A partir de 1950, os pentecostais começaram a fazer cruzadas pelo Brasil, evangelizando milhares de pessoas, utilizando recursos novos como guitarras na hora do louvor — pelo que sou muito grato.

---

33. GRIJO, Jefferson Brasil. *Das tendas à Igreja do Evangelho Quadrangular: História da IEQ no Brasil*, p. 23.

Harold William, em 1953, deu início à Igreja Quadrangular, em São Paulo, que mantinha uma liturgia mais simples, acessível a todos.

Na década seguinte, programas de rádio evangélicos espalharam ainda mais a mensagem às massas. Paralelamente, houve a implantação de igrejas não denominacionais que, junto com as históricas, seguiram nascendo e crescendo em todas as regiões do país.

Por que apresentar um pouco dessa história? Mais uma vez, o intuito é ressaltar o quanto a "bola rolou" antes de nos atingir. Somos resultado daquilo que começou bem antes de nós. Com o evangelho sendo pregado nos últimos 200 anos pelo Brasil, famílias foram alcançadas, que alcançaram outras famílias; então, pessoas continuaram a pregar o evangelho.

Eventualmente, você nasceu, cresceu e, em algum momento da vida, passou a crer em Cristo. Talvez você tenha sido alcançado por algum dos grupos mencionados aqui, quem sabe por outro; talvez tenha encontrado um vídeo na internet ou lido um livro; ou alguém tenha anunciado as boas-novas a você. O ponto é: agora, a bola está com você.

Você entende aonde quero chegar? Alguém pregou a uma pessoa, que pregou a outra, que fez o mesmo a outra, que sobreviveu à perseguição para pregar a outra, que testemunhou a corrupção das igrejas sem deixar de pregar, até que a mensagem do evangelho chegou a você.

Imagine o seguinte cenário hipotético: para pregar as boas-novas, um missionário abandonou sua fazenda nos Estados Unidos, país onde ouviu sobre o evangelho por intermédio de uma família que havia migrado para o Novo Mundo, tendo deixado para trás a Inglaterra, onde alguém de sua ascendência familiar ouvira a pregação de John Wesley, em um de seus eventos públicos, ou até mesmo dentro de um bar. Wesley teve certeza da fé em Cristo em uma reunião na Aldersgate Street, promovida por moravianos, pessoas que escutaram o evangelho da boca de Zizendorf. Este, um dia, ouviu as boas-novas de um alemão que possuía uma Bíblia recém-impressa, e que, por sua vez, procedia de uma família católica de muitas gerações que provavelmente tenha residido na Itália, onde a salvação foi fortemente anunciada por Paulo de Tarso, que encontrou Cristo enquanto tentava extinguir um movimento crescente, impulsionado por homens como Pedro e João que, assentados aos pés do próprio Cristo, tinham ouvido a pregação do evangelho.

Pensar assim coloca tudo em perspectiva. A notícia mais importante e impactante, preparada desde a eternidade para que fosse cumprida por Cristo e anunciada por seus discípulos, percorreu milênios, entre guerras e paz, entre corrupções e avivamentos, para chegar a nós. Em continuidade geracional, os evangelizados entenderam sua responsabilidade de evangelizar, e nós colhemos o fruto. Hoje, quem protagoniza a história de propagação do evangelho somos nós. E se chegou a nossa vez de levá-lo adiante, se somos os novos veículos de uma verdade eterna, o que faremos a respeito?

CAPÍTULO 8

SEGUINDO ADIANTE

Se você chegou até aqui, deve ter percebido que o assunto é compromisso com as boas-novas. Ter recebido o evangelho não é só privilégio, mas, também, responsabilidade.

Hoje, você tem interesse por Cristo e decidiu ler este livro porque alguém, ou melhor, muitos alguéns pagaram o preço de levar o evangelho adiante. Será que, daqui a 20 anos, por sua causa, alguém desejará ler livros sobre Cristo?

Não somos apenas receptáculos da mensagem sobre Jesus, mas também seus propagadores. Alguém afirmou que estamos sempre a uma geração da extinção do evangelho. Trata-se, claro, de uma avaliação hipotética para ressaltar a responsabilidade com a pregação, entretanto, é bom frisar que o evangelho jamais se extinguirá. Cristo declarou que *As boas-novas a respeito do reino serão anunciadas em todo o mundo, para que todas as nações as ouçam; então, virá o fim* (Mt 24.14 – NVT). Embora, de igual modo, não seja possível extinguir a negligência de muitos, haverá sempre um remanescente fiel, proclamador da verdade, que compreende a necessidade de passar a mensagem adiante. Oro para que você, que foi alcançado por esta mensagem, corresponda com Deus e seja um desses proclamadores das boas-novas.

Continue caminhando comigo nestas páginas, porque há um pouco mais a ser dito a respeito de nosso papel como pregadores da boa notícia de Cristo. De forma prática e muito próxima de nossa realidade diária, quero distinguir aspectos essenciais à pregação do evangelho.

PREGAR NÃO É UM CHAMADO

Muitos jovens me perguntam: "Isra, quando você descobriu que seu chamado era pregar?" Eis a questão: pregar não é um chamado; é um mandamento. Eu estava apenas tentando obedecer à ordenança; então, quando adolescente, pregava na escola, nas ruas andando de *skate*; cheguei a pregar virtualmente, online, enquanto jogava videogame. Eu pregava até dentro de casa, mesmo que em minha casa só houvesse pregadores!

Embora eu saiba que a pergunta se referia mais ao contexto da pregação em púlpitos de igrejas e eventos, é importante que não nos esqueçamos disto: comunicar o evangelho é um mandamento dado a todos os discípulos de Cristo, não um chamado personalizado de alguns. Eventualmente, um microfone chegou à minha mão, e senti paz ao pregar naquele contexto. Contudo, segui pregando não só em ministério itinerante e na igreja local, mas na internet, no Uber, em qualquer lugar possível.

Fui chamado pelo Senhor a pregar a convertidos e entendo que essa será uma característica de minha caminhada cristã. Contudo, vocações pessoais não são a mesma coisa que mandamento universal: a missão de alcançar os não crentes é de cada um de nós, os crentes em Cristo Jesus. Em Mateus 28.16-20, encontra-se uma ordem expressa de Cristo, dada em toda a sua autoridade — a grande comissão não pode ser confundida com "a grande sugestão".

Eu, provavelmente, jamais falarei da salvação no contexto em que você está inserido — escola, trabalho, faculdade —, e nem preciso fazê-lo. Por quê? Porque já existe alguém lá: você. Da mesma maneira que você foi alcançado pelo evangelho de Cristo, você agora é a ponte entre as boas-novas e os seus conhecidos, nos ambientes que transita.

Não se envergonhe; pregue a Palavra! Assim como Pedro e João, você crê que Jesus ressuscitou dentre os mortos. Embora não com olhos naturais — mas com os olhos da fé —, você também contemplou a vitória de Cristo sobre a morte. Você entende que Cristo é Deus Filho, o Messias prometido desde a antiguidade. À semelhança dos 120 reunidos em Jerusalém, você pode ser cheio do Espírito Santo e capacitado como uma testemunha eficaz do evangelho de Jesus Cristo. Como os discípulos foram comissionados, nós também fomos. A mesma ordem que receberam vale para nós.

Levemos em conta a linguagem de amor de Jesus: a obediência a seus mandamentos.

> **AQUELES QUE ACEITAM MEUS MANDAMENTOS E LHES OBEDECEM SÃO OS QUE ME AMAM** – JOÃO 14.21 (NVT)

Suas ordens para nós não podem ser negligenciadas: devemos cumprir o maior mandamento, que é amá-lo acima de tudo (Mc 12.28), assim como devemos obedecer à grande comissão (Mt 28.18-20). Eu não fico isento de ter de pregar o evangelho caso seja obediente ao mandamento do amor; apesar de que, quem ama profundamente o Senhor, também ama o que Ele ama, isto é, os perdidos. Os mandamentos do Senhor não são negociáveis, e quem, de fato, o ama, obedece. A verdade é que muitos de nós gastamos muito tempo preocupados com o que podemos ou não fazer, mas pouco tempo preocupados com o que devemos fazer. O que devemos fazer, Cristo deixou claro: discípulos! Isso significa que devemos anunciar as boas-novas e, depois disso, ajudar os novos crentes a caminharem com Cristo como seus discípulos.

Entenda: não existe nenhum chamado individual que cancele um mandamento universal, destinado a todos — obviamente, você está incluso. Em outras palavras, seu chamado individual jamais anulará sua responsabilidade como discípulo, como Igreja fundada por Cristo, de pregar as boas-novas e fazer discípulos.

Imagine um jovem que sente um chamado para atuar na engenharia, ou uma jovem, na arquitetura. Eles podem garantir que foram conduzidos pelo Espírito Santo a adentrarem tais mercados. Contudo, previamente, já haviam sido chamados a anunciar as boas-novas — com força de ordenança, não negociável. Então, o que fazer? Eles devem ser testemunhas dentro de seus cursos preparativos, anunciando Cristo a seus colegas. Mais tarde, quando atuarem em suas profissões, não somente o farão com excelência como para o Senhor (Cl 3.23), mas, no ambiente de trabalho, conhecerão pessoas, farão amizades e testemunharão do evangelho.

Nem todos são chamados a pregar em púlpitos ou dentro de escritórios profissionais, mas todos somos chamados a pregar. "O que" devemos fazer já está claro: pregar e fazer discípulos; "Onde" é a pergunta seguinte. Talvez você precise perguntar ao Espírito Santo onde é seu campo missionário no futuro. Entretanto, para saber onde você deve pregar hoje, qual é o local que precisa receber sua pregação atualmente, nem é necessário perguntar, porque eu já adianto a resposta: onde você está agora.

Se você trabalha, pronto: já tem um campo missionário. Se você mora com familiares não cristãos, pronto: outro campo. Se você estuda, pronto: mais um. Lembre-se do que afirmei anteriormente: o Espírito Santo nunca sai de dentro de você; sendo assim, você possui tudo de que precisa para pregar em seus ambientes cotidianos, a qualquer hora, em qualquer lugar.

COMO PREGAR

Mais uma vez, a pregação não é somente falar de um púlpito para a edificação do corpo. Isso também é pregar, mas existem outras formas de propagar a mensagem do evangelho.

Visando à praticidade, quero mostrar alguns modelos bíblicos que podem ser empregados ao anunciar o evangelho no dia a dia, seja qual for sua ocupação. Pode ser que você não utilize todos estes métodos, talvez não utilize nenhum, porque conhece outros melhores, mas você tem de pregar de algum jeito.

PREGUE A PALAVRA:

Tanto a história como a fonte da pregação são encontradas no mesmo lugar: na Palavra de Deus. Não existe método melhor para o exercício da pregação do que se familiarizar com o conteúdo das páginas do grande Livro. Não pregamos algo novo, e, sim, continuamos a pregar a velha mensagem de esperança, firmemente fundamentada nas Escrituras. Como seguidores de Cristo, somos advertidos a estar sempre preparados para responder a qualquer um que indagar o motivo de nossa esperança (1Pe 3.15). Também somos admoestados a estar prontos para a pregação da Palavra, quer a ocasião seja favorável quer não (2Tm 4.2). Então, independentemente do contexto, é importante entender que o conteúdo e a procedência da pregação estão alicerçados na Bíblia. Em relação a alguém que nunca aceitou Jesus ou um grupo de irmãos na fé, posicione-se, como Jesus, no que está escrito: pregue a Palavra!

SEJA TESTEMUNHA:

Todos os cristãos se encaixam neste ponto. Como vimos, não fomos chamados apenas a dar um testemunho sobre Cristo, mas a **ser** suas testemunhas (At 1.8): a maneira como vivemos, tudo o que fazemos, tem de testemunhar sobre Cristo. Jesus será evidente em nossos sorrisos, pois temos motivo de grande alegria na redenção (Ne 8.10; Mt 13.44-46). Ele será evidente no modo como tratamos o próximo, se o fizermos corretamente, pois devemos a todos o amor (Rm 13.8). Como tratamos nossas famílias evidenciará a Cristo (Ef 5.21-33; 1Pe 3.7).

Essas são maneiras não verbais de pregar, que preparam o caminho para a pregação, aí sim verbal, do evangelho – trata-se de um dos significados, creio eu, de pregar a tempo e fora de tempo (2Tm 4.2). Francisco de Assis afirmou: "Pregue o evangelho, se necessário, use palavras".

Enquanto estava no ensino médio, busquei testemunhar também assim. Nunca me esqueço do dia em que um rapaz correu até mim, como um peixe pulando para dentro do barco, dizendo que queria aceitar Jesus. Eu perguntei o porquê, uma vez que não havia pregado a ele verbalmente, e a resposta foi que, mesmo reconhecendo em minha vida altos e baixos, ele via algo diferente em mim. Eu entrava na sala de aula sempre com o mesmo sorriso, a ponto de irritá-lo. Com o tempo, de alguma forma, ele entendeu que meu Jesus é real. Então, falei do evangelho e ele aceitou Jesus ali, no corredor do colégio, com estudantes passando ao nosso redor.

GRITE DOS TELHADOS:

Em Mateus 10.27, Jesus instruiu seus discípulos sobre um tempo em que precisariam gritar dos telhados as verdades que foram sussurradas em seus ouvidos, referindo-se, é claro, a anunciar o reino de Deus de forma que alcance mais ouvintes. Não nos foi dado um espírito de medo, e, sim, o espírito de ousadia (2Tm 1.7). Não devemos nos acanhar, porque são as boas-novas que nós carregamos, que nos transformaram!

Nos relatos do livro de Atos, toda vez que uma multidão estava reunida, alguém pregava a Palavra. Por mais que nem sempre seja bem-vinda, a pregação do evangelho em ambientes públicos é uma das principais formas de propagar a mensagem da salvação, que vemos ser utilizada há milênios. É claro que a pregação um a um continua sendo importante; o que Jesus tentou ensinar foi sobre não desperdiçar a ocasião nem ter medo em situações de pregação a um maior número de pessoas, quando o alcance for maior.

Eu diria que a pregação itinerante e na igreja local também se encaixam aqui – não é qualquer telhado público, mas o *nosso* telhado. Esse tipo de ministração gera oportunidades mais amplas, em que muitos, ao mesmo tempo, podem ouvir a verdade do Reino sendo exposta. Outro exemplo de alcance amplo é a pregação na Internet, que é um gigantesco telhado.

ESCREVA NAS PLACAS:

Em Habacuque 2.2, o Senhor ordena que o profeta escreva em placas a revelação que lhe foi entregue, de modo que fosse possível ler com clareza até por quem passa depressa. Foi essa passagem bíblica que encorajou meu pai a fazer vídeos mais concisos para a internet, em seu canal do YouTube – o que faz com muita excelência e consistência.

Fazer *stories* nas redes sociais, encontrar ganchos rápidos nas interações do dia a dia ou até manter exposta uma pequena "tábua": deixar um versículo em seu portfólio de fotografia, por exemplo. Enfim, o ponto é lançar sementes claras, que podem ser acessadas com facilidade até por quem está correndo na vida. Mesmo em pequenas coisas, pregue; talvez sua semente acabe sendo regada por outra pessoa, outra igreja, em outro momento. Você não ganhará um troféu terreno e talvez nem fique sabendo o que sucedeu, mas nada disso importa; não é sobre você — uma pessoa pode acabar ganhando o maior prêmio que existe, que é a salvação.

GANHE AMIGOS:

Jesus conta uma parábola sobre o reino dos céus, na qual um homem usa seu antigo emprego para fazer amigos, de modo que, quando não trabalhasse mais, tivesse onde ficar. Então, Ele nos diz para fazer o mesmo, mas com um *plot twist*: *Usai as riquezas deste mundo ímpio para ajudar ao próximo e* **ganhai amigos**, *para que, quando aquelas chegarem ao fim, esses amigos vos recebam com alegria nas* **moradas eternas** (Lc 16.9 – KJA).

Jesus nos instruiu a ganhar amigos com os meios terrenos, para que um dia eles nos recebessem em suas moradas eternas. Quer dizer, por meios terrenos como nossos empregos, estudos e ocupações devemos fazer amigos e apresentar-lhes a eternidade.

No trabalho, seus colegas estão presos com uma testemunha de Cristo por horas, toda semana! Ganhe, primeiro, amigos. Como? Por intermédio do fruto do Espírito em você: sendo amoroso, paciente, generoso, uma pessoa divertida e alegre como Jesus. Depois, quando já ganhou novos amigos, você pode começar conversas mais profundas, convidá-los para visitar sua casa ou ir a um evento da igreja.

A maior parte dos que ganhei para Jesus já eram meus amigos. A maioria das pessoas que conheço foi alcançada também por amigos. Enfim, fazer amigos é uma ferramenta importante para a comunicação do evangelho. Não é à toa que Jesus nos ordena ser as pessoas mais agradáveis que o mundo tem por aí (Ef 4.32).

ESTÁGIOS DA PREGAÇÃO

Quando me refiro à pregação, estou colocando em foco o ato de propagar as boas-novas, porém, existem maneiras diferentes de obedecer a essa ordem de Cristo — nós somos diferentes e possuímos dons distintos. Portanto, há uma diferença entre o chamado pessoal, que tem a ver com aptidões e dons, e o mandamento, que é inegociável.

Nem todos são evangelistas, no sentido de carregar esse dom ministerial, mas evangelizar é um mandamento universal. É indiscutível que aqueles que recebem o dom do evangelista possuem uma graça para falar do evangelho, mas isso não exclui a responsabilidade de todos os demais cristãos de evangelizar, em obediência à grande comissão. Aliás, o dom ministerial do evangelista — na verdade, todos os dons — foi dado à Igreja *com vistas ao aperfeiçoamento dos santos para o desempenho do seu serviço* (Ef 4.12). Ou seja, o evangelista evangeliza, mas também tem outro papel: capacitar os cristãos a evangelizar! Dessa forma, aqueles que sentem qualquer dificuldade em falar das boas-novas encontram suporte e auxílio, porque a missão evangelística continua sendo global, de todo o Corpo de Cristo.

Com isso em mente, é necessário compreender a natureza da pregação. É muito interessante e importante que a grande comissão defina estágios: ir e fazer discípulos; batizar; ensinar a guardar as ordenanças.

O primeiro estágio, *ir e fazer discípulos*, engloba tanto a evangelização quanto ensinar os convertidos a seguir a Cristo, o que os torna discípulos. Ou seja, não somente devemos conduzir as pessoas a Jesus, mas também oferecer condições para que elas possam permanecer Nele.

Na sequência, Jesus diz para *batizar* esses discípulos. Portanto, o segundo estágio inclui ensinar ao convertido um importante mandamento, que é o passo seguinte após crer em Cristo. Além de o batismo nas águas ser um testemunho público da fé, ele também carrega um maravilhoso significado: nós nos identificamos com Cristo em sua morte e ressurreição e nos apropriamos dos efeitos de sua graciosa obra na cruz. Quem crê em Cristo precisa ser conduzido a dar esse passo, com entendimento do que ele representa.

Então, chega a terceira fase. Pessoas com um chamado de ensino vão além do que é transmitido no discipulado pessoal e cumprem um papel importante ao doutrinar os novos na fé a entenderem mais profundamente o significado de sua decisão por Cristo – esse é o cumprimento da ordenança de Jesus para *ensinar* os discípulos a *guardar suas ordenanças*. Por toda a vida, precisamos aprender mais sobre a Palavra de Deus e sobre guardar seus mandamentos. Teremos de fazê-lo durante toda a corrida da fé, ouvindo mensagens, lendo livros e, ainda, compartilhando as verdades bíblicas em conversas com nossos irmãos e irmãs em Cristo.

Cada estágio da pregação pode ser feito por pessoas diferentes, como Paulo explica bem:

> EU PLANTEI E APOLO REGOU, MAS QUEM FEZ CRESCER FOI DEUS. NÃO IMPORTA QUEM PLANTA OU QUEM REGA, MAS SIM DEUS, QUE FAZ CRESCER. QUEM PLANTA E

> QUEM REGA TRABALHAM PARA O MESMO FIM, E AMBOS SERÃO RECOMPENSADOS POR SEU ÁRDUO TRABALHO – 1 CORÍNTIOS 3.6-8 (NVT)

NÃO TER DOM NÃO É DESCULPA

Somos um corpo e trabalhamos conjuntamente, exercendo funções diferentes. Um pé não é uma mão; enquanto o pé locomove, a mão alcança. Da mesma forma, cada um deve fazer sua parte, não para a própria edificação, mas para servir outros.

Existem diferentes dons ministeriais, e eu creio que cada cristão tem pelo menos um. Ministros não são apenas as pessoas que trabalham numa igreja em tempo integral. Todos os filhos de Deus são chamados a ministrar a Deus e aos homens, onde estiverem:

> ASSIM, NA IGREJA, DEUS ESTABELECEU PRIMEIRAMENTE APÓSTOLOS; EM SEGUNDO LUGAR, PROFETAS; EM TERCEIRO LUGAR, MESTRES; DEPOIS OS QUE REALIZAM MILAGRES, OS QUE TÊM DONS DE CURAR, OS QUE TÊM DOM DE PRESTAR AJUDA, OS QUE TÊM DONS DE ADMINISTRAÇÃO E OS QUE FALAM DIVERSAS LÍNGUAS – 1 CORÍNTIOS 12.28 (NVI)

> ELE DESIGNOU ALGUNS PARA APÓSTOLOS, OUTROS PARA PROFETAS, OUTROS PARA EVANGELISTAS, OUTROS PARA PASTORES E MESTRES. *ELES SÃO RESPONSÁVEIS POR PREPARAR*

> *O POVO SANTO PARA REALIZAR SUA OBRA E EDIFICAR O CORPO DE CRISTO, ATÉ QUE TODOS ALCANCEMOS A UNIDADE QUE A FÉ E O CONHECIMENTO DO FILHO DE DEUS PRODUZEM E AMADUREÇAMOS, CHEGANDO A COMPLETA MEDIDA DA ESTATURA DE CRISTO* – EFÉSIOS 4.11-13 (NVT)

A função de todo ministério, além do que é próprio ao seu exercício, é também equipar e preparar o povo santo para realizar a obra de Deus, edificando, dessa forma, o corpo de Cristo. Não se engane: para realizar a obra de Deus, teremos de fazer um pouquinho de tudo, e não somente o que é do nosso departamento. É isto: apesar do chamado individual, o chamado geral não pode ser ignorado.

Talvez você não seja um pastor, mas pode pastorear seus discípulos, o que é justamente o que o pastor o ensina a fazer. Você pode não ser um mestre, mas pode ensinar outros, como o mestre o capacita. Mesmo que não seja um evangelista, você pode evangelizar seus amigos e colegas, da forma que o evangelista o instrui.

Eu tenho amigos que não são muito bons para evangelizar ou ensinar, mas são excelentes com pessoas; são ímãs que arrastam muitos aos cultos ou às igrejas nas casas. Qual o resultado? Outros cristãos, que sejam bons nisto, terão a oportunidade de evangelizar e ensinar. O curioso é que muitos ministros excelentes não conseguem atrair pessoas à igreja como aqueles que não se sentem tão bons em evangelizar. É isto: trabalhamos juntos.

Quando o assunto é uma graça especial para evangelizar, penso imediatamente no meu amigo Ton Sampaio, que me inspira grandemente, e no querido Luca Martini, que escreveu um livro extraordinário sobre o assunto, intitulado *Eles Precisam Saber*. Se você andar com um deles pelas ruas, certamente ficará impressionado: param para orar com enfermos — e milagres acontecem —, liberam palavras de conhecimento e, com muita graça, apresentam as boas-novas de Jesus. Honestamente, não tenho o mesmo dom, mas, ainda assim, não deixo de me esforçar para evangelizar.

Quando converso com pessoas a quem quero falar de Cristo, procuro criar ganchos para introduzir o assunto. Criei o hábito, por exemplo, de terminar uma refeição em restaurantes dizendo aos atendentes: "A comida estava maravilhosa, o clima hoje está bom e o dia ficará perfeito se você tiver uma boa notícia para me dar..." Normalmente, quem ouve fica sem jeito. A maioria pede desculpa, porque não tem uma boa notícia. Então, eu tenho o espaço de que precisava: "Deixe que eu dou uma boa notícia então... Jesus está vivo! E Ele ama você".

No melhor cenário, engato uma conversa. No pior, uma sementinha foi lançada. Faço o mesmo quando pego um Uber, ou recebo algum prestador de serviço em casa. Às vezes, eu me aproximo de pessoas na rua e pergunto: "Você já ouviu as boas-novas?" Eu, pessoalmente, não sou um evangelista, mas não passo uma semana sem evangelizar.

Por outro lado, percebo uma graça divina sobre minha vida na área do ensino e, ao ensinar, estou pregando sobre Jesus. Já tive o privilégio de testemunhar muitas almas rendendo-se a Cristo em apelos que fiz após ministrações minhas de ensino, inclusive, pelo YouTube. Em um dos vídeos que gravei, falei especificamente sobre salvação e, pelo menos, 54 pessoas aceitaram Jesus a partir dele. Compus e gravei canções que também conduziram pessoas a Cristo. Ou seja, no meu dia a dia e no exercício do dom que recebi, ainda que não seja evangelístico, sou intencional em compartilhar as boas-novas que enchem meu coração de alegria. Por que faço isso? Porque fui ordenado a fazer!

Pouco tempo atrás, estava servindo como voluntário no estacionamento da nossa igreja, cuidando dos carros durante o culto. Percebi dois rapazes da minha idade caminhando perto de onde eu estava, e eles pareciam felizes, rindo. Puxei conversa. Quando achei meu "gancho", falei para eles sobre Jesus. Um deles me contou que nunca tinha ido à igreja e admitiu que sentiu uma paz diferente durante a nossa conversa sobre Cristo. Eu o convidei ao culto de domingo e, pela primeira vez na vida, aquele rapaz entrou em uma igreja.

Durante a semana, ele foi à minha casa, numa das reuniões que fazemos nos lares. Ele trouxe um amigo, e seu amigo trouxe outro. Não muito tempo depois, também trouxe sua avó, que não conhecia a Jesus, e sua mãe, que trouxe uma amiga. O amigo dele trouxe uma amiga. Várias dessas pessoas já se entregaram ao Senhor e estão congregando conosco, crescendo na fé em Cristo. A eternidade delas foi impactada por causa de uma conversa intencional, em um estacionamento.

Em uma viagem que fiz, na hora de pagar a conta em um restaurante, o Senhor me disse com clareza que a moça que nos servia desejava fazer uma viagem que precisou adiar, e eu entendi que deveria dar uma gorjeta generosa — Jesus se importava com ela e sua viagem. Perguntei se ela cria em Cristo. Ela parecia relutante na hora de responder, mas me disse que sim. Eu disse o que estava sentindo, então os olhos dela se encheram de lágrimas. No momento, o Espírito Santo também me mostrou que ela havia sido machucada por cristãos. Eu perguntei, ela confirmou. Conversamos, então, sobre o assunto; ela estava afastada da fé devido ao ocorrido, mas o Senhor enviou alguém para lembrá-la de que Ele é um Deus pessoal, que sentia saudades dela. Eu compartilhei com ela como Jesus é a melhor parte da vida, e que a própria vida está Nele; então, ela se comprometeu a voltar ao caminho e dar uma segunda chance à igreja.

O fato é que, não poucas vezes, dormimos no ponto — e usamos a desculpa de que não somos evangelistas. Nós menosprezamos momentos importantes do cotidiano, nos quais estão escondidas oportunidades de lançar as sementes da Palavra de Deus. Não podemos ficar calados acerca da melhor coisa que aconteceu conosco! Aliás, não temos esse direito; não é uma opção. É nossa responsabilidade anunciar aquilo que vimos e ouvimos; primeiro, porque os perdidos precisam ouvir a mensagem, e segundo, porque a bola deve continuar rolando, para que o evangelho siga seu curso, de geração em geração.

Todos temos de trabalhar. No ambiente de trabalho, fazemos amigos e, ao amá-los e servi-los, surgirão oportunidades de evangelizar. Passamos por pessoas nas ruas, pessoas que precisam de ajuda — as boas-novas andam de mãos dadas com a compaixão. Podemos convidá-las para visitar nossa igreja, ou ir a uma reunião nas casas.

A verdade é que podemos nos esforçar um pouco mais, ainda que sem dons específicos, para obedecer à grande comissão em todos os seus estágios. Temos de evangelizar; então, sejamos intencionais.

Temos de discipular; então, procuremos oportunidades. Temos de batizar; então, levemos convertidos a dar esse passo. Temos de ensinar mais profundamente; então, convidemos pessoas ao estudo. Acima de tudo, não podemos desprezar alma alguma — cada alma possui valor eterno.

FAÇA AS DESCULPAS SE AJOELHAREM

Provavelmente, lendo tudo isso, você tenha pensado em motivos que o impedem de pregar, embora seu espírito esteja gritando que é necessário compartilhar as boas-novas do evangelho. Permita-me, com todo o carinho, bagunçar seu cabelo um pouco, como que num cafuné, para, então, arruinar suas possíveis desculpas.

Primeiramente, não é como se tivéssemos a opção de não obedecer. Cristo é Senhor; e se queremos agradá-lo, precisamos obedecer-lhe. Como já vimos em João 14.21, obediência é a linguagem de amor de Deus. Também vimos, com toda a clareza, que fomos comissionados como Igreja a evangelizar, portanto, trata-se de ordenança, e não de sugestão (Mt 28.19). Há uma responsabilidade inegociável de continuar o curso da propagação das boas-novas, que chegou a nós por um caminho manchado com o sangue de Jesus e de muitos dos seus amigos — pelo que devemos ser gratos e honrar.

Se obedecer a Jesus não for uma prioridade, nós nos ocuparemos com outras atividades no dia a dia. Mas, se o senhorio de Cristo for verdadeiro em nós, buscaremos obedecer a Ele todos os dias. Há quem não se sinta realizado em sua fé, ou mesmo feliz, e eu acredito que isso aconteça porque muitos se tornam "convertidos", ou "evangélicos", ou "católicos", porém, poucos, discípulos de Jesus. Discípulos de Jesus são os que obedecem à sua Palavra. Enquanto chamarmos Jesus de Senhor, mas vivermos para nós mesmos, seremos miseráveis. Enquanto vivermos para nós mesmos, seremos cristãos frustrados.

Por que homens e mulheres desistiram da própria vida por Cristo, e o fizeram sorrindo e cantando, enquanto alguns de nós, no conforto de nossos lares, nos sentimos tão frustrados? Será que estamos vivendo pelo mesmo motivo que eles morreram? Imagino que, se assim fosse, nosso sorriso seria o mesmo deles, bem como nossa disposição de obedecer a qualquer custo. Quando há uma verdadeira alegria por ter encontrado Cristo, não conseguimos permanecer calados sobre o que nos aconteceu e desejamos profundamente obedecer a todos os seus mandamentos.

Aqueles que chamam Jesus de Senhor, mas não obedecem ao que Ele diz são como casa construída na areia, que sucumbe à tempestade (Mt 7.24-27). O motivo pelo qual nos sentimos tão derrotados como cristãos talvez seja a falta de obediência — não estamos obedecendo como deveríamos. O que escuta as palavras de Jesus e as pratica é firme, tal qual o homem que constrói a casa sobre a rocha. Talvez ainda sejamos muito abaláveis.

O poder da Palavra de Deus está em obedecer-lhe, e não em conhecê-la. Por isso, somos chamados a ser, mais do que ouvintes, praticantes (Tg 1.22). A vida é desperdiçada quando a vivemos para nós mesmos; quando a vivemos por Cristo, em obediência total e inegociável, aí, sim, encontramos vida de verdade.

Entenda o seguinte: o que a Bíblia está ensinando é como alcançar a verdadeira satisfação em viver. Quando diz que o homem que tenta preservar sua vida a perde, está falando daquele que vive de acordo com suas prioridades e desejos — este, que está evitando morrer para si mesmo, não conseguirá encontrar vida satisfeita e plena. Por outro lado, o homem que desiste de sua vida a ganha (Mc 8.35). Quem é esse homem? O que vive de acordo com a vontade de Jesus e seus mandamentos. Então, se você quer ser satisfeito com sua vida, não viva para você, viva para Jesus. O que Ele diz para fazer, faça.

Perante a verdade, temos de abaixar as armas. Diante do que a Bíblia diz, precisamos fazer calar as desculpas. Isso significa que, se você acha que é muito tímido, acanhado e não leva jeito para falar com pessoas, você terá de confrontar tudo isso que acha de si mesmo com a verdade de que é mandamento pregar o evangelho. Quem ganhará essa batalha?

Subjugue o que sente para conseguir obedecer. Faça as desculpas se ajoelharem diante da verdade que lhe exige obediência. Paulo dizia que subjugava sua carne à escravidão, para que, mesmo depois de pregar, não viesse a ser desqualificado (1Co 9.27). Entendo, com isso, que as coisas da carne que nos podem desqualificar da corrida devem ser subjugadas.

Eu sou introvertido. Amo um tempinho de paz e sossego sozinho, mas frequentemente abro minha casa para muitas pessoas, porque é como Jesus quer as coisas — tenho de viver como Ele quer, e não como eu gosto. De um introvertido a outro, deixe-me dizer: existe maior alegria em obedecer a Cristo do que ficar no meu cantinho. Dessa forma, eu subjugo meu lado introvertido, para que eu não venha a ser desqualificado. Então, esforço-me para conversar com estranhos, porque não se trata da minha vontade ou do que me deixa confortável, mas de satisfazer a vontade Dele. Seria um absurdo estar diante de Cristo no céu e dizer: "Eu queria ter obedecido, mas sou tímido". Não deixe as dificuldades bloquearem o caminho; vença-as.

Finalmente, quero dizer, com todo o respeito, que o seu contexto não importa. Você não é jovem demais; os discípulos de Jesus eram muito novos. Você não é velho demais; historiadores concordam que João escreveu Apocalipse no fim do século, já bem idoso. Nós podemos nos ajustar a determinados contextos para poder pregar o evangelho, como Paulo que se fazia de louco pelos loucos. Não importa como e onde você esteja, sempre haverá uma pessoa que só alguém como você conseguirá alcançar.

Você gosta de futebol? Use isso. Você gosta de cinema? Use isso. Use seus gostos e *hobbies* para se aproximar de pessoas e testemunhar de Cristo. A pandemia acabou ressuscitando a guilda num RPG antigo, que jogava quando mais novo, porque o pessoal estava preso, "trabalhando" em casa. Eu entrei numas masmorras com a galera, e acabamos ganhando duas pessoas para Jesus nessa brincadeira — literalmente, no lazer.

Tive o privilégio de pregar à minha turma do ensino médio. Eu recebi um certificado de um curso de história ampla e apresentei-o à supervisão da escola, pedindo para dar uma aula sobre o assunto. O que eu fiz? Enchi a apresentação com a cosmovisão cristã. Falei sobre a criação e a redenção de um jeito bem "fora da caixa", envolvendo assuntos que estávamos estudando, e sei que alguns foram impactados a seguir Jesus.

Você não precisa levar jeito, e, sim, obedecer a Jesus. Jeito se desenvolve com prática. Eu era muito mais tímido antes de me esforçar para falar com estranhos; eu era muito mais tímido antes de praticar a pregação diante de um monte de gente. Eu me esforcei para obedecer e, assim, descobri que melhoramos com o tempo.

Um bom exemplo do que devemos fazer é Paulo. Impressiono-me com a maneira como ele pregava em público, falava nas praças, orava com enfermos nas ruas, denunciava os altares idólatras e, em certas ocasiões, fazia conexões com seus conterrâneos ao confeccionar e vender tendas. Mais tarde, ele reunia os que haviam crido em reuniões singelas, nas casas — igrejas nasciam assim. Ele era gente como a gente, mas se esforçou para obedecer a Cristo.

Nós colocamos os homens da Bíblia em outro patamar, daquele tipo que imaginamos ser inalcançável. Contudo, Cristo disse que faríamos coisas semelhantes às que Ele fez e outras ainda maiores, ou seja, nem as experiências que Jesus viveu estão nesse nível inalcançável que criamos. Não quero tirar o crédito de homens como Paulo, honra seja dada a quem merece. O ponto é que essa desculpa tem de ser subjugada. Você não precisa ser Paulo para fazer obras como as que Jesus fez; você pode ser você. Se Jesus crê que você pode (Jo 14.12), por que você não crê?

Talvez sejamos muito "8 ou 80" com relação à obediência à grande comissão. Ora não nos sentimos adequados a viver pela obra, ora sonhamos com a conversão de milhares de pessoas. Ficamos presos nos extremos, esquecendo que entre uma coisa e outra está meu vizinho, meu colega, meu primo, pessoas que me cercam e precisam do evangelho na simplicidade do dia a dia.

Lembrando que o Senhor nos chamou a fazer discípulos, e não meros convertidos, não devemos somente levar pessoas à igreja e as deixar lá. Caminhemos como uma família. Jesus, que é Deus, gastou seu tempo aqui na terra dando atenção a outros doze homens, que reproduziram o modelo que aprenderam. Não consigo pensar em uma desculpa que justifique qualquer pessoa a não desejar viver o mesmo. Se *cada* cristão no Brasil ganhasse para Jesus apenas três pessoas, e simplesmente tentasse acompanhá-las o resto de suas vidas, gastando tempo com elas, checando como estão, recomendando leituras e que ouçam mensagens para o crescimento espiritual, intercedendo e ajudando-as na jornada... Só três pessoas... Se isso acontecesse, todo o Brasil serviria a Cristo. Menosprezamos a eficiência de fazer discípulos, e amá-los, tratando-os como amigos, ao encorajá-los em suas jornadas com Cristo.

NÃO MENOSPREZE OS RESULTADOS

Não pense que levar o evangelho adiante de forma simples e cotidiana é pouca coisa. Não menospreze os resultados que virão, ainda que não sejam os seus olhos a contemplá-los – a semente que você lançou pode brotar em outra geração.

Certo é que o efeito "bola de neve" existe. Já passamos por esse ponto páginas atrás. Você e sua família podem ter sido salvos como resultado de uma semente lançada duas décadas atrás, quando alguém falou de Jesus a uma pessoa, em uma situação do dia a dia, e essa pessoa se converteu genuinamente e ensinou o evangelho a seus filhos, que ensinaram a seus filhos.

Um rapaz recém-convertido se sentiu chamado por Deus a ser um evangelista. Começou a pregar em praças públicas, nos ônibus, em diversos lugares. Eventualmente, começou a falar em cruzadas e grandes eventos. Num caderninho, que carregava consigo desde o começo, anotava quantas pessoas ganhara para Jesus — dezenas, então centenas, até milhares.

Uma vez, foi convidado a participar de um evento com Reinhard Bonnke, evangelista que ganhou milhões de africanos para Jesus. Chegou lá, sentindo-se importante. Olhando ao redor, reconheceu alguns evangelistas famosos, com exceção de um senhor. Com imaturidade, como que medindo forças, pôs-se a falar das muitas almas que havia ganhado. O senhor o parabenizou, mas não parecia chocado. O jovem evangelista, então, pensou: "Ele deve ter ganhado muito mais almas do que eu; por isso, não parece impressionado". Decidiu perguntar quantas almas aquele senhor havia trazido a Cristo, ao que o homem respondeu:

"Que eu me lembre, só uma…"

Cheio de si, o rapaz, não entendia o que aquele homem fazia em meio a evangelistas tão estatisticamente eficientes.

Enquanto pensava a respeito, viu Reinhard Bonnke chegar e abraçar aquele senhor, com muito carinho. Em seguida, apresentou-o ao jovem evangelista como a pessoa que o havia ganhado para Jesus. Bonnke não teria ganhado tantas almas se aquele senhorzinho não lhe tivesse pregado o evangelho, e essa verdade quebrantou o coração do jovem.

Mais uma vez: não menospreze o que pode acontecer quando você ganha uma alma. David (Paul) Yonggi Cho, que plantou a maior igreja do mundo, na Coreia do Sul, foi levado a Cristo pela pregação de uma estudante desconhecida.

Esforce-se o tempo todo; quando possível, traga pessoas a Cristo. Pregue o que você viu e ouviu aos seus amigos. Pregue na escola ou na faculdade. Pregue no trabalho. Pregue nos púlpitos, se o Senhor o conduzir assim. Mas, pelo amor de Deus, pregue!

NOVE

CAPÍTULO 9

A IGREJA, A BÍBLIA E O FIM

Deus sempre desejou alcançar todas as famílias da terra, como prometeu a Abraão. Sobre cada membro do corpo de Cristo repousa a responsabilidade de satisfazer o desejo divino de salvação do mundo — Ele é o nosso Senhor; nós lhe devemos obediência.

Portanto, se você segue Jesus, sua vida deve estar focada tanto no propósito de conhecê-lo como de fazê-lo conhecido. Mesmo se você não for um pastor ou um evangelista em tempo integral, você é parte de uma nação de sacerdotes (1Pe 2.9). Independentemente de qual seja a sua profissão, você é, em primeiro lugar, um discípulo de Jesus e um sacerdote no reino de Deus.

Não se deve transferir a responsabilidade de obedecer à grande comissão a pessoas que parecem estar vestidas de "sacerdotes" — pastores ou ministros. Eu sei muito bem, porque cresci ouvindo a pergunta: "Israel, você sente muita pressão por ser filho do Luciano Subirá? Seu pai é uma lenda..." Meu pai é, de fato, o meu herói e a minha inspiração. No entanto, confesso que não sobra muito espaço para a pressão por ser filho do Luciano Subirá, porque acordo todos os dias sob a pressão de ser filho de Deus. Eu tenho um Pai celeste que me criou, sonhou com a minha vida antes que o planeta existisse, e um dia terei de prestar contas a Ele — dia que, ao que tudo indica, está próximo. Não somos todos filhos do mesmo Pai? A mesma noiva? A mesma Igreja?

IGREJA EM TEMPO INTEGRAL

Certa ocasião, ouvi um pastor perguntar à sua congregação:

"Um engenheiro aqui da igreja recebeu uma proposta para ganhar um salário duas vezes maior; só precisará trocar de emprego. Quantos acham que isso é uma bênção?"

Todos levantaram as mãos.

"Um advogado aqui da igreja recebeu uma proposta para ganhar três vezes mais; ele só precisará mudar de cidade. Quantos acham que isso é uma bênção?", prosseguiu.

Quase todos levantaram as mãos. Então, falou mais uma vez:

"Um pastor desta igreja recebeu uma proposta para ganhar duas vezes mais; ele só precisará trocar de emprego. Quantos acham que isso é uma bênção?"

Ninguém levantou a mão. O pastor concluiu:

"Ué, qual a diferença? Obviamente, o pastor tem de orar para saber qual é a vontade de Deus. Mas se o engenheiro e o advogado temem a Cristo, eles não deveriam orar também?"

> PRESTEM ATENÇÃO, VOCÊS QUE DIZEM: "HOJE OU AMANHÃ IREMOS A DETERMINADA CIDADE E FICAREMOS LÁ UM ANO. NEGOCIAREMOS ALI E TEREMOS LUCRO". COMO SABEM O QUE SERÁ DE SUA VIDA AMANHÃ? A VIDA É COMO A NÉVOA AO AMANHECER: APARECE POR UM POUCO E LOGO SE DISSIPA. O QUE DEVEM DIZER É: "SE O SENHOR QUISER, VIVEREMOS E FAREMOS ISSO OU AQUILO" – TIAGO 4.13-15 (NVT)

Somos sua Igreja o tempo todo. Em nenhum momento do dia, deixamos de ser. É bastante possível que tenhamos confundido o evangelho, presumindo que apenas aqueles que se dedicam exclusivamente a pastorear, evangelizar ou adorar com música têm obrigação de ser radicalmente obedientes ao Senhor em todos os seus mandamentos.

Jesus nunca classificou os crentes em castas. Qualquer um que quiser ser discípulo de Cristo tem de tomar a cruz e negar a si mesmo. Qualquer um tem de evangelizar. Qualquer um tem de viver uma vida santificada. Essas coisas não são exclusivas a líderes e cantores; pelo contrário, são dever da Igreja de Cristo, ou seja, dever de todo crente. Talvez o que nos falta, para sair de onde estamos e começar a caminhar para onde Deus quer que estejamos, seja a consciência de que somos, todos, Igreja em tempo integral, mesmo que tenhamos estudos, empregos e muitas outras atribuições. Depois de tantas páginas, espero que tenha ficado claro que ser Igreja não é ir à igreja aos domingos, e, sim, quem você é de segunda de manhã até o próximo culto.

Um grande exemplo de nosso terrível esquecimento quanto a quem somos — Igreja em tempo integral — é como tomamos decisões. Nós nos denominamos seguidores de Jesus, mas, frequentemente, decidimos baseados em outros motivos. "Quando vocês terão filhos?" "Ah, quando a grana estiver melhor..." Espere um momento, então é *Mamom* que decide quando teremos filhos? Nada contra a boa mordomia, mas não deveríamos recorrer a Deus sobre os seus pensamentos mais altos que os nossos e perguntar: "Senhor, é para quando?" Semelhantemente, deixamos o conforto, a segurança e até mesmo a ganância reinarem sobre nosso cotidiano. Repito o que disse antes: se não conseguimos vencer nosso próprio conforto por amor a Cristo, como entregaremos nossas vidas por Ele?

Talvez seja um pouco cruel o que vou afirmar, mas a verdade é que muitos de nós, se estivéssemos no lugar da pequena Agnes, morta por não negar a Cristo, teríamos aceitado, por muito menos, oferecer incenso a Minerva. Precisamos acordar para a verdadeira vida cristã e viver pelo que realmente importa! Existe um objetivo primário, que diz o porquê existimos: por Jesus e seus interesses. Fora disso, não há realização, sem contar que é perda de tempo — um tempo que é curtíssimo, tendo em vista a eternidade. Como soldados alistados, vivamos uma vida desprendida do mundo e interessada no que interessa a Deus.

Não, não estou fazendo apologia à perseguição, como se fosse o único campo em que floresce um cristianismo bem-sucedido; refiro-me à maneira descompromissada que vivemos, mesmo em meio a tanta liberdade religiosa. É bom viver tempos de paz (Rm 12.18; 1Tm 2.1-3), mas nada garante que as coisas permanecerão assim nas próximas décadas. E aí? E se um dia tivermos de escolher entre Cristo e a própria vida? Será que conseguiremos encarar a morte por Ele? Será que os dias de paz estão nos treinando, ou seremos surpreendidos negativamente caso chegue o caos? Como estaremos prontos para morrer por Jesus, sem antes estarmos prontos para viver por Ele?

Ser Igreja é não deixar de obedecer a seus comandos, seja qual for a circunstância. Já nos denegriram algumas vezes e, talvez, façam de novo, mas não dependemos de aceitação para ser sua Igreja neste mundo — aliás, aceitação não é muito comum na história eclesiástica. Em Jerusalém, cristãos foram chamados de seita. Em Roma, de ateus. Na Grécia, de perturbadores. No mundo moderno, de intolerantes. O mundo tenta, cada vez mais, "vilanizar" as boas palavras de Jesus. Atualmente, nós, cristãos ocidentais, somos perseguidos de muitos lados, sendo ridicularizados por nossa fé, ainda que apenas no sentido ideológico e sem violência física — e está tudo bem; não somos o que dizem de nós, mas o que Ele diz a nosso respeito.

Observo cada vez mais jovens de minha geração constrangidos ao falar de Jesus e da Igreja. Ainda que muitos tenham razão em sua indignação contra os erros cometidos por certas comunidades, não é certo ficar envergonhados da fé. Reprovar o erro de uma igreja local não me dá aval para odiar a Igreja de Cristo, muito menos o evangelho.

Tem muita gente querendo contestar o protestantismo usando os métodos do inferno: maldizendo e difamando a Igreja do Senhor. Crentes difamando sua própria crença. O resultado? Comprometem seu papel como testemunhas. Alguns vão para o outro extremo: tornam-se cristãos em segredo. O resultado? O mesmo: comprometem a missão de testemunhar de Cristo como convém.

O que tem acontecido é que, quando tentam ser contrários às pautas deste mundo e recebem em troca insultos, muitos se envergonham do evangelho.

> NÃO ME ENVERGONHO DO EVANGELHO, PORQUE É O PODER DE DEUS PARA A SALVAÇÃO DE TODO AQUELE QUE CRÊ, PRIMEIRO DO JUDEU E TAMBÉM DO GREGO – ROMANOS 1.16

> SE ALGUÉM SE ENVERGONHAR DE MIM E DE MINHA MENSAGEM, O FILHO DO HOMEM SE ENVERGONHARÁ DELE QUANDO VIER EM SUA GLÓRIA E NA GLÓRIA DO PAI E DOS SANTOS ANJOS – LUCAS 9.26 (NVT)

> SE ALGUÉM SE ENVERGONHAR DE MIM E DE MINHA MENSAGEM NESTA ÉPOCA DE ADULTÉRIO E PECADO, O FILHO DO HOMEM SE ENVERGONHARÁ DELE QUANDO VIER NA GLÓRIA DE SEU PAI COM OS SANTOS ANJOS – MARCOS 8.38 (NVT)

Não consigo pensar num sentimento pior e mais desesperador do que o de envergonhar a Cristo, ou envergonhar-se Dele. Não existe um motivo que justifique o silêncio acerca das boas-novas, das coisas que vimos e ouvimos. Precisamos ter um profundo amor pela Palavra de Deus, pelo evangelho e por sua Igreja. Apesar de falhas humanas, a Igreja ainda é um projeto de Jesus.

AMAR JESUS, MAS TAMBÉM A IGREJA

Anos atrás, quando mudei de cidade, o Senhor me conduziu, com clareza, a congregar e servir em uma igreja diferente daquela em que cresci. Fui criado em uma igreja não denominacional, sem determinados ritos litúrgicos e com muitos jovens. Porém, nessa outra igreja, havia muitas diferenças, especialmente demográficas. Numa estimativa, eu diria que 70% tinham mais de 60 anos de idade. Além disso, a igreja era histórica e bastante tradicional, completamente diferente da experiência que tive a vida inteira. Confesso que não entendi o motivo pelo qual o Senhor havia me conduzido até lá, embora o direcionamento tivesse sido tão claro, especialmente por tratar-se de uma cidade com muitas igrejas que eu julgava serem referenciais.

Eu obedeci primeiro, para entender depois, ainda que tenha surgido uma pequena crise em meu interior. No primeiro ano, durante o louvor dos cultos de domingo, frequentemente, eu me percebia pensando no porquê de estar ali. Até que um dia, em soberba, pensei: "Eu sei por que o Senhor me trouxe aqui. Esta é a hora de ser fiel sobre o pouco, para que, depois, Ele me coloque sobre o muito. Esta é a hora de ser fiel nesta igrejinha e, uma hora, Deus nos levará para uma igreja bacana".

Imediatamente, minha linha de raciocínio foi interrompida por uma presença assombrosa, que nunca havia sentido antes. Eu sabia que era o Espírito Santo, mas não do jeito que estava acostumado. É como se Ele estivesse se aproximando com indignação, com ciúmes. Não estou exagerando ao relatar que, por um breve instante, pensei que fosse morrer, tamanho foi o peso de sua mão sobre mim.

Em meio a temor e constrangimento, tive vontade de me esconder debaixo do assento. Uma voz me questionava: "Igrejinha?" Chorei muito, ao perceber o descaso com o qual me referi ao corpo de Cristo. Naquele dia, o Senhor pôs fim às minhas dúvidas e disse: "Eu o trouxe aqui para você aprender a amar a minha Igreja, porque você ainda não sabe. Você só ama a sua igreja." Não consigo exprimir o tamanho do constrangimento que senti.

Eu havia dedicado meus últimos anos ao preparo ministerial, com o desejo de servir à Igreja, mas percebi que estava mais preocupado com minha jornada pessoal do que com os pequeninos de Cristo, o que ainda tenho vergonha de admitir. "Não existe igrejinha, só existe o corpo de Cristo", adicionou. Dispus-me, então, a aprender e pedi que o Senhor me ensinasse a amar, de fato, a sua Igreja.

Nos anos seguintes, juntamente com minha esposa, servi aquela comunidade como a minha própria casa. Naquele tempo, o Senhor fez algo ao meu coração e eu, de fato, passei a enxergar uma beleza na diversidade do corpo de Cristo, que não enxergava antes; passei a amar aquela igreja e, progressivamente, tenho aprendido a amar mais a Igreja de Cristo.

Precisamos amá-la, porque Jesus a ama. Apesar das muitas feridas que pessoas sofreram em igrejas locais, a Igreja ainda é ideia de Jesus — foi Ele quem lançou os fundamentos, foi Ele quem fundou a primeira. Uma oração em favor de uma igreja que você julga estar fora dos eixos faz mais no mundo espiritual do que suas reclamações ou *tweets* zangados. Não fale contra a Igreja de Jesus; interceda por ela. É verdade que existem lobos em meio às ovelhas, joio em meio a trigo, bem como falsos ensinadores, como já fomos avisados que seria. Estes, em hora e forma corretas, serão castigados com grande rigor, e a mão de Deus sobre eles pesará muito mais que nossas palavras contra eles.

Ainda assim, tais erros não excluem nossa responsabilidade de andar em amor, como fomos ordenados a fazer, e não nos dão direito de desanimar ou afastar pessoas da vida da igreja. Estamos tão críticos, que criticamos pessoas que amam a Jesus com sinceridade só porque elas acreditam em uma cronologia escatológica diferente da que nós cremos. Devemos julgar falsos ensinamentos e não dar espaços a doutrinas não provenientes de Cristo. Por outro lado, temos de amar até os inimigos que perseguem a Igreja, que dirá a própria Igreja! Ainda que muitos estejam enganados, devemos a eles amor. Podemos discordar de ideais, mas sem deixar de interceder pelo arrependimento dos que estão confusos.

Acima de tudo, somos Igreja juntos. A Igreja é a soma de todos nós, de diversas igrejas locais. Jesus está voltando para todos nós! E quando falamos de pregar o evangelho, invariavelmente, estamos falando de conduzir pessoas a esse corpo de Cristo, a compor a Noiva em preparação para as bodas. O objetivo do evangelismo é a igreja local, por isso não há como terminar este livro sem convocar você a este lugar de amor à Igreja de Jesus.

PRESERVANDO A VERDADE

Outro aspecto a destacar é a mensagem que deve ser pregada. Infelizmente, houve uma perda no comprometimento com a verdade bíblica em nome de atrair mais pessoas. Muitos pregadores têm ajustado o seu discurso de maneira que soe um pouco mais aceitável aos homens. Tal prática é simplesmente diabólica; não procede do Deus da verdade.

Só há uma maneira de preservar a pregação da verdade: apegando-se à Bíblia, que é a infalível Palavra de Deus. A Bíblia é um livro sério, tanto que existe uma grande comunidade acadêmica em torno do estudo das Escrituras. Entre letristas, historiadores, arqueólogos e outros, ao longo dos séculos, muitas pessoas têm estudado e comprovado a veracidade bíblica.

Por milhares de anos, os escribas, copistas dos pergaminhos bíblicos, tinham como tradição copiar as Escrituras, com profundo zelo. Consideravam-nas as sagradas letras, livros inspirados pelo Espírito Santo. Os escribas eram tão criteriosos com suas cópias, que, se errassem, descartavam tudo e começavam de novo.

Quando encontraram os pergaminhos do mar Morto, em 1947 — que eram quase mil anos mais antigos do que os pergaminhos mais antigos que se tinha acesso até então —, alguns críticos pensaram que, finalmente, provariam que a Bíblia havia sido alterada com o tempo. Para a surpresa de muitos, eram praticamente idênticos. Tirando o fato de que o idioma hebraico mudara ao longo do tempo, o conteúdo dos manuscritos mostrou-se igual. A verdade foi preservada; a mensagem bíblica não foi alterada.

Acerca do Novo Testamento, mesmo se as 6 mil cópias provenientes dos escritos originais fossem eliminadas, juntamente com as 10 mil traduções já encontradas, seria possível reconstruí-lo somente utilizando as cartas dos Pais da Igreja — nelas, há aproximadamente 30 mil menções neotestamentárias. Sim; a mensagem foi preservada.

Entenda, a Bíblia é um livro *historicamente confiável*. Certa vez, ouvi Rick Warren falar sobre o assunto, o que inspirou este segmento do livro. Por muito tempo, questionaram a veracidade histórica do

Pentateuco, por conter o relato de eventos mais antigos do que o autor, que não poderiam ter sido observados por ele. Sua credibilidade também já foi posta em dúvida, por exemplo, por causa da menção ao povo hitita, que muitos historiadores diziam não ter existido. Em 1834, em uma expedição arqueológica, o império hitita foi descoberto.[34] E encontraram tantas evidências! Se quiser, você pode até aprender a língua dos hititas. Existem descobertas arqueológicas referentes aos povos com quem os israelitas tiveram interações naquele período, que validam a narrativa de Moisés; por exemplo, o "Papiro de Ipuwer", documento egípcio, que relata as dez pragas na perspectiva do povo do Egito.

O próprio Jesus mencionou a Bíblia como uma fonte histórica digna de confiança, e as diversas descobertas arqueológicas têm concordado com Ele. A cada nova evidência encontrada, a historicidade da Bíblia mostra-se impecável. Quando há dúvidas, normalmente é só uma questão de tempo até a próxima descoberta arqueológica.

A Bíblia fala de eventos reais, que aconteceram com pessoas reais, em lugares reais. Ou seja, é possível encontrar evidências dos acontecimentos bíblicos por meio da "ciência de entulhos", a arqueologia – e ela tem encontrado: anéis e selos pertencentes a reis e juízes, vasos com inscrições, carruagens, casas, e até tijolos com inscrições.

Tenha certeza: a Bíblia é *cientificamente confiável*, não somente pelo que diz, mas até pelo que não diz. Os gregos pensavam que Atlas segurava o planeta Terra, e por mais que o Novo Testamento tenha sido escrito em grego, não afirma nada disso. Moisés foi educado no Egito, onde se cria que a Terra era sustentada por cinco pilares, mas o Pentateuco não afirma isso. O que a Bíblia diz, então? O livro bíblico mais antigo diz que Deus *faz pairar a terra sobre o nada* (Jó 26.7). Eles não entendiam a lei da gravidade na época, nem tinham noção de ciência planetária, mas Deus sabia, e Ele transmitiu a mensagem.

Em 150 a.C., Hiparco de Nicea decidiu contar as estrelas e chegou a 1.022. Ptolomeu, 300 anos depois, corrigiu-o, dizendo

---

34. A Escavação em Hattusa – Um Projeto do Instituto Alemão de Arqueologia. Disponível em: https://madainproject.com/hattusa

que eram 1.026. Hoje, a NASA afirma que o número de estrelas é infinito; só na Via Láctea, há 300 bilhões de estrelas. No entanto, 2.600 anos atrás, Jeremias já havia escrito que o número de estrelas é infinito (Jr 33.22).

Não há muito tempo, quando George Washington morreu, havia o pensamento de que, se você estivesse enfermo, podia ser por ter sangue demais. Ele foi, então, sangrado até a morte, por causa de uma péssima medicina. Hoje, fazemos transfusões, doamos sangue, porque dele provém a vida. O que a Bíblia já dizia em Levítico 17.11? Que toda vida está no sangue.

Os hebreus do Antigo Testamento conservavam melhor higiene do que os europeus do século XIV. Estima-se que a peste negra tenha matado de 30% a 60% da população europeia, essencialmente, por falta de quarentena, e a recomendação do afastamento já estava escrita em Levítico 13.4-7.

Johanes Kepler disse que a ciência é o processo de pensar os pensamentos de Deus depois Dele. Nossa literatura científica é frequentemente corrigida e atualizada, ao passo que, no Museu do Louvre, em Paris, na França, há uma sessão de quase seis quilômetros de livros científicos obsoletos; mas a Bíblia, apesar de não ter mudado em milhares de anos, não fala nada que não seja cientificamente acurado. Os pais da ciência eram, em sua maioria, homens que criam em Deus; alguns foram mortos pela igreja institucional por causa de suas descobertas — não havia o entendimento de como a ciência validava as Escrituras.

Já vimos que a Bíblia é histórica e cientificamente confiável; agora é hora de enfatizar um terceiro aspecto: a Bíblia é *profeticamente confiável*. Você já passou aqui por várias profecias acerca de Cristo, que se cumpriram, mas outras inúmeras profecias se cumpriram ao longo da história – algumas são assustadoras.

Ciro, o rei babilônico, foi chamado pelo nome nas Escrituras quase 200 anos antes de ter nascido. Daniel profetizou sobre a chegada de Alexandre, o Grande, e sobre como o seu império se dividiria em quatro, sendo que um dos quatro perseguiria o povo de Deus violentamente, o que aconteceu com Antíoco. E não foram profecias vagas, genéricas, do tipo "algo vai acontecer nesta semana".

No livro *Mais que um Carpinteiro*, Josh McDowell comenta que existem sete ramificações específicas acerca da morte de Cristo que foram profetizadas (Zc 11.11-13, Sl 41): "(1) traído (2) por um amigo, (3) por trinta moedas (4) de prata, e que estas seriam (5) atiradas no chão (6) do templo, e utilizadas depois (7) para a compra do campo de um oleiro".[35] Ele também fala sobre como Deus, ao avisar que Jesus nasceria numa cidade com menos de mil habitantes, eliminou praticamente todas as cidades da Terra — mais específico que isso, não há como.

A Bíblia é a palavra infalível de Deus, que não precisa ser atualizada. Jesus validou as Escrituras. Em Mateus 5.18, Ele diz que nem um "i" nem um "til" passarão da lei até que tudo se cumpra. Em Mateus 22.14 e 24.15, Ele validou os profetas. Em Lucas 17.26, validou Noé. Em Mateus 19.4, Adão e Eva. Em Mateus 10.15, os relatos de Sodoma e Gomorra. Em Mateus 12.40, Jonas e o grande peixe. É impossível separar Jesus de sua mensagem, que era cheia de fundamentos bíblicos.

Assim como Jesus, que conhecia bem e anunciava a verdade da Palavra de Deus, nós temos de fazer o mesmo. Como? Atentando à Bíblia. Agostinho disse que "se você crê somente naquilo que gosta no evangelho e rejeita o que não gosta, não é no evangelho que você crê, mas em si mesmo."

> TODA A ESCRITURA É INSPIRADA POR DEUS E ÚTIL PARA O ENSINO, PARA A REPREENSÃO, PARA A CORREÇÃO E PARA A INSTRUÇÃO NA JUSTIÇA, PARA QUE O HOMEM DE DEUS SEJA APTO E PLENAMENTE PREPARADO PARA TODA BOA OBRA – 2 TIMÓTEO 3.16,17

Minha esposa pregou uma mensagem acerca do peso das Escrituras, que me impactou profundamente. Quero compartilhar um pouco do que ouvi. Em Lucas 4, no episódio da tentação no deserto,

---

35. MCDOWELL, Josh. *Mais que um Carpinteiro*, p. 87.

o diabo apelou para o emocional de Jesus. Cristo se posicionou no que está escrito, demonstrando que a Palavra de Deus é superior ao sentimento, e fez isso utilizando boa lógica (Lc 4.1-4). O diabo, então, tentou Jesus com boa lógica, mas Ele se posicionou no que está escrito, demonstrando que a Palavra de Deus é superior à boa lógica (Lc 4.5-8). Finalmente, Satanás apelou para as Escrituras e usou o que está escrito para tentar Jesus. Mais uma vez, Ele se posicionou com base no que está escrito, mas com a poderosa ferramenta do contexto (Lc 4.9-11).

Creio que o diabo ainda tenta da mesma maneira. Ele apela ao emocional: "Você não tem o direito de ser feliz?"; "Deus vai entender..."; ou "Vocês são praticamente casados...". O que devemos fazer? Permanecer posicionados no que está escrito. Às vezes, o apelo satânico é baseado em lógica: "Mas você nasceu assim..."; "Deus vai perdoar você depois"; ou "Seu corpo, suas regras". Diante desse tipo de tentação, permaneçamos no que está escrito. Finalmente, ele nos tenta com a descontextualização das Escrituras. Não nos posicionemos em uma só parte da Bíblia, ignorando o todo; antes, utilizemos a integralidade da Escritura para a devida interpretação. A Bíblia não se contradiz. Doutrinas provenientes de uma parte das Escrituras, ignorando as outras, não podem ser corretas.

> POIS, EMBORA VIVAMOS COMO HOMENS, NÃO LUTAMOS SEGUNDO OS PADRÕES HUMANOS. AS ARMAS COM AS QUAIS LUTAMOS NÃO SÃO HUMANAS; PELO CONTRÁRIO, SÃO PODEROSAS EM DEUS PARA DESTRUIR FORTALEZAS. DESTRUÍMOS ARGUMENTOS E TODA PRETENSÃO QUE SE LEVANTA CONTRA O CONHECIMENTO DE DEUS, E LEVAMOS CATIVO TODO PENSAMENTO, PARA TORNÁ-LO OBEDIENTE A CRISTO – 2 CORÍNTIOS 10.3-5 (NVI)

Por último, concluo afirmando que, se existe alguma exceção cultural ou social, as próprias Escrituras sempre a mencionam. Em todo o Novo Testamento, existe apenas uma passagem que trata de um princípio local, e não de algo que serve a toda a igreja:

> **TODO HOMEM QUE ORA OU PROFETIZA COM A CABEÇA COBERTA DESONRA A SUA CABEÇA; E TODA MULHER QUE ORA OU PROFETIZA COM A CABEÇA DESCOBERTA DESONRA A SUA CABEÇA** – 1 CORÍNTIOS 11.4 (NVI)

Por que hoje as mulheres não ficam de cabeça coberta na igreja? Porque no versículo 16, Paulo diz o seguinte:

> **MAS, SE ALGUÉM QUER DISCUTIR SOBRE ESSE ASSUNTO, O QUE EU POSSO DIZER É QUE NEM NÓS NEM AS IGREJAS DE DEUS TEMOS OUTRO COSTUME NAS REUNIÕES DE ADORAÇÃO** – 1 CORÍNTIOS 11.16 (NTLH)

Portanto, a própria Bíblia diz que se tratava de um costume, não de um mandamento. Existia um contexto cultural, em Corinto: as mulheres andavam com a cabeça coberta, a não ser em duas circunstâncias: se fossem prostitutas ou quando estavam em casa, com a família. Como as mulheres estavam em família com o corpo de Cristo, não cobriam suas cabeças. Rumores começaram a afirmar que as reuniões cristãs eram orgias; para combatê-los, surgiu o costume de as mulheres também cobrirem a cabeça nos cultos e reuniões.[36] Não se tratava de ser uma igreja tradicional, e, sim, de um zelo, para não escandalizar. Então, que fique claro: se existe alguma exceção histórica ou cultural, a própria Palavra o comunica.

A mensagem pregada por Estêvão deve ser a mesma que anunciamos nos dias de hoje: uma palavra capaz de apresentar a história da redenção lado a lado com as ordenanças de Jesus. Como é possível? Se conhecermos a Bíblia e nos apegarmos fielmente a ela.

---

36. MCGINN, A. J. Thomas. *Prostitution, Sexuality, and the Law in Ancient Rome*, p. 161.

> POIS A PALAVRA DE DEUS É VIVA E EFICAZ, E MAIS AFIADA QUE QUALQUER ESPADA DE DOIS GUMES; ELA PENETRA AO PONTO DE DIVIDIR ALMA E ESPÍRITO, JUNTAS E MEDULAS, E JULGA OS PENSAMENTOS E INTENÇÕES DO CORAÇÃO – HEBREUS 4.12 (NVI)

APRESSANDO O RETORNO

Por fim, sobre a importância de pregar o evangelho, é importante destacar que Cristo afirmou: *E será pregado este evangelho do reino por todo o mundo, para testemunho a todas as nações. Então virá o fim* (Mt 24.14). Pedro, por sua vez, disse: *Uma vez que tudo será assim desfeito, vocês devem ser pessoas que vivem de maneira santa e piedosa, esperando e apressando a vinda do Dia de Deus. Por causa desse dia, os céus, incendiados, serão desfeitos, e os elementos se derreterão pelo calor* (2Pe 3.11,12 – NAA).

Jesus demonstrou que a pregação a todas as nações precede o fim, ou seja, seu retorno; Pedro disse que podemos apressar o dia da vinda de Cristo. Se somarmos as duas afirmações, entenderemos que nossa disposição de pregar o evangelho acelerará o retorno de Cristo! O momento de sua volta é condicional ao cumprimento, de nossa parte, daquilo de que fomos responsabilizados por Ele a fazer.

Jesus também disse que os dias do fim seriam como os dias de Noé (Mt 24.37). Deus avisou que uma grande chuva viria, mas não definiu a data. Noé se pôs a construir a arca e, somente quando estava pronta, a chuva veio. Semelhantemente, nós fomos chamados a anunciar o evangelho a todos os povos e, depois disso, quando nossa missão estiver concluída, o fim virá.

Ainda existem muitos povos que não foram alcançados, línguas que ainda não possuem uma tradução da Bíblia. De quem é a responsabilidade? Nossa, da Igreja de Jesus.

Eu creio que o Senhor está esperando, literalmente, a Igreja fazer seu trabalho, para que Ele possa voltar. Não é como se Cristo precisasse de nossa ajuda, mas Ele nos dá o privilégio de participar e cooperar. Deus não precisava da arca de Noé, mas fez uma parceria com aquele homem.

Se você concorda ou não com essa visão, não muda o fato de que precisamos obedecer a Cristo e pregar o evangelho. É fato que Ele voltará e, quando isso acontecer, prestaremos contas sobre o modo que vivemos, se pregamos ou não as boas-novas. Em suma, não dá para escapar, não é mesmo?

Por outro lado, se você concorda, deixo a pergunta: o quanto você deseja que Ele venha? Que a resposta seja dada com a pregação do evangelho.

PREGUE A PALAVRA!

Construí todo esse pano de fundo histórico e teológico, para, finalmente, poder dizer nestas últimas páginas: "Agora é com você!"

Se você antes não conhecia essas verdades, agora as conhece e, consequentemente, será cobrado por elas. Se qualquer coisa que afirmei causou-lhe tristeza ou aborrecimento, não foi minha intenção. O desejo sincero do meu coração é que você possa viver para Jesus com todas as suas forças e amá-lo com todo o seu coração, obedecendo às suas comissões.

Apesar de, necessariamente, eu não conhecer você, garanto que o amo em Cristo e estou torcendo por seu sucesso – só por isso escrevi este livro. Pense nele como uma carta escrita com carinho. Eu acredito que nossa geração viverá algo extraordinário em Deus, porque homens e mulheres como você e eu decidirão estar dispostos a obedecer, custe o que custar, para que a vontade do Senhor seja feita sobre a Terra — quer em nossos contextos, quer como missionários nos confins do mundo. Temos um importante trabalho a fazer, e não devemos perder tempo.

Por fim, quero fazer das palavras do apóstolo Paulo as minhas. Ao término de sua vida e excepcional corrida da fé, ele apela a Timóteo que *pregue a palavra*, avisando-o dos desafios que teria adiante. Não consigo pensar em um jeito melhor de encerrar tudo o que vimos e ouvimos neste livro do que com estas palavras:

EU LHE DIGO SOLENEMENTE, NA PRESENÇA DE DEUS E DE CRISTO JESUS, QUE UM DIA JULGARÁ OS VIVOS E OS MORTOS QUANDO VIER PARA ESTABELECER SEU REINO: PREGUE A PALAVRA. ESTEJA PREPARADO, QUER A OCASIÃO SEJA FAVORÁVEL, QUER NÃO. CORRIJA, REPREENDA E ENCORAJE COM PACIÊNCIA E BOM ENSINO.

POIS VIRÁ O TEMPO EM QUE AS PESSOAS JÁ NÃO ESCUTARÃO O ENSINO VERDADEIRO. SEGUIRÃO OS PRÓPRIOS DESEJOS E BUSCARÃO MESTRES QUE LHES DIGAM APENAS AQUILO QUE AGRADA SEUS OUVIDOS. REJEITARÃO A VERDADE E CORRERÃO ATRÁS DE MITOS.

VOCÊ, PORÉM, DEVE MANTER A SOBRIEDADE EM TODAS AS SITUAÇÕES. NÃO TENHA MEDO DE SOFRER. TRABALHE PARA ANUNCIAR AS BOAS-NOVAS E REALIZE TODO O MINISTÉRIO QUE LHE FOI CONFIADO – 2 TIMÓTEO 4.1-5 (NVT)

BIBLIOGRAFIA

APOLINARIO, Fabio. *"One Like the Son of Man" – Who is He?* [s.l.:s.n.], 2021.

BOCK, L. Darrel. *Blasphemy and Exaltation in Judaism: The Charge against Jesus in Mark 14:53-65*. Eugene: Wipf & Stock Publishers, 2016.

BROSHI, Magen. *Biblical Archeological Review. Volume 4, Number 2*. [s.l.:s.n.], 1978.

BUDGE, E. A. Wallis. *The Contendings of the Apostles: Being the Histories of the Lives and Martyrdoms and Deaths of the Twelve Apostles and Evangelists; the Ethiopic Texts. Museum, With an English Translation; Volume 2*. London: Andesite Press, 2017.

CRUTCHER, J. Timothy. *John Wesley: His Life and Thought*. Kansas City: Nazarene Publishing House, 2014.

FOXE, John. *O Livro dos Mártires*. São Paulo: Mundo Cristão, 2019.

GONZALEZ, L. Justo. *História Ilustrada do Cristianismo, Vol. 1: A Era dos Mártires até A Era dos Sonhos Frustrados*. São Paulo: Vida Nova, 2011.

GONZALEZ, L. Justo. *The Story of Christianity: Vol. 2: The Reformation to the Present Day*. São Francisco: HarperOne, 2010.

GRIJO, Jefferson Brasil. *Das tendas à Igreja do Evangelho Quadrangular: História da IEQ no Brasil*. São Paulo: Recriar, 2021.

HUBBARD, Jason. *Moravian Miracle: The 100 Year Prayer Meeting That Changed the World*. Camberra: Australian Heart Publishing, 2022.

JOSEPHUS, Flavius. *Antiquities of the Jews. In The Works of Josephus. New Updated Version*. Translated by William Whiston. [s.l.:s.n.], 1987.

KISTEMAKER, S. J. *Comentário do Novo Testamento – Exposição de Atos dos Apóstolos*. São Paulo: Cultura Cristã, 2003.

LEWIS, C. S. *Cristianismo Puro e Simples*. São Paulo: Thomas Nelson Brasil, 2017.

MCDOWELL, Josh. *Mais que um Carpinteiro*. São Paulo: United Press, 2012.

MCDOWELL, Sean. *The Fate of the Apostles*. Abingdon: Routledge, 2015.

MCGINN, A. J. Thomas. *Prostitution, Sexuality, and the Law in Ancient Rome*. Oxford: Oxford University Press, 1998.

MELO, Saulo de. *História da Igreja e o Evangelismo Brasileiro*. Curitiba: Orvalho.com, 2011.

SCHOFIELD, E. Douglas. *Faith Building Evidence*. Bloomington: WestBow Press, 2020.

STRAUSS, L. Mark. *Four Portraits, One Jesus: A Survey of Jesus and the Gospels*. Grand Rapids: Zondervan Academic, 2011.

TERTULLIAN. *The Prescription Against Heretics*. Whitefish: Kissinger Publishing, 2010.

Este livro é uma parceria entre
Orvalho.com e **Editora Vida** no Brasil.
Sua distribuição e comercialização é exclusiva
de ambos em território nacional.

ACESSE NOSSO SITE:

orvalho.com

DISPONIBILIZAMOS ESTUDOS BÍBLICOS, MENSAGENS EM ÁUDIO, VÍDEOS E MUITO MAIS PARA O SEU CRESCIMENTO. ACESSE E DIVULGUE!